Fulgencio Serrano Meseguer

# FUL EL *BLOGCAZAS*

# Diario de un pesimista con buen humor

Fulgencio Serrano Meseguer

# FUL *THE BLOGBERMOUTH*

# Diary of a pessimist with a good sense of humour

ISBN: 978-1-84753-270-1

Todas las fotos han sido obtenidas a través de Internet.

Para cualquier rectificación sobre derechos de autor pueden dirigirse a la dirección ful_spain@yahoo.com.



Este texto ha sido revisado, e ilustrado en parte, por Tirso Gómez Lozano. Queda prohibida cualquier tipo de utilización de las ilustraciones si su permiso expreso.

Supervisión en lengua inglesa: Jill Sanders.

Primera edición: enero de 2007.
Segunda edición: marzo de 2007.

## Datos Del Autor / About Autor

Fulgencio Serrano Meseguer (1966 - 2025) es Diplomado en Papiroflexia por la Universidad de Nueva Espinardo (Virginia, USA). Actualmente es Acuario con ascendente Géminis bajo la influencia de Libra en la constelación de Virgo a su paso por Leo, y cuanto más leo más tonto me *queo.*

Fulgencio Serrano Meseguer is Qualified in Papercraft for the University of New Espinardo (Virginia, USA) . Today, he is Aquarius with Gemini in the ascendant under the influence of Libra in the constellation of Virgo traveling around Leo, and the more I am, the sillier I am.

## Datos Del Colaborador / About Assistant

Tirso Gómez Lozano es Colaborador Doméstico de Tareas Cotidianas en Santo Ángel (La Alberca, Distrito Federal).

Tirso Gómez Lozano is Home Collaborator in Daily Household Homeworks in Santo Ángel (La Alberca, D.F.)

## Dedicatoria

*A Sofía y Ana, para que en la guasa nazcan, crezcan y cuando abran este libro,*
*no desaparezcan.*

## Agradecimientos

*A Fina, quien siempre protegió mi dignidad intentando que este panfleto no saliera a la luz.*

*A Don Juan Carlos I Rey de España, porque que se sepa, nunca habló mal de este libro, ni de mi persona.*

# Índice / Contents

Tuesday, January 21, 2007

# Prologue

No subject is safe from the Humourist. From Organized Religion to shampoos Ful the Humourist can and will put a lighter outlook on how you view events that occur everyday. Bowling in the Shower which will leave you lathering in laughter as you think of your own personal bathing dilemmas, such as the dreaded coarse, curly black hair on the soap drama.

ETA, it is possible to find humour in this subject? Yes, sarcastic humour that strikes the heart of the true smart ass and strikes the character of ridiculous politicians. There is appropriate humour for each occasion.

All viewed threw the smart ass thoughts of Ful you will notice yourself smiling or perhaps chuckling as you read his stories of life and how to survive all with laughter. Free of all prejudices and an equal opportunity offender I'm proud to present "Diary of a Pessimistic with a Good Sense of Humour" and am honoured to be asked to write a prologue for a friend whom I share a sense of humour with.

"To write a diary everyday is like returning to one's own vomit" Enoch Powell

Jill Sanders
(Ontario, Canada)[1]

---

[1] No hay ningún tema que pueda estar a salvo de un humorista. Desde la religión organizada a los champús, el histriónico Ful puede poner y pone una mirada incendiaria sobre tus situaciones cotidianas. La ducha hecha bolera será un lugar en donde podrás enjabonarte a risotadas mientras te identificas con básicos dilemas que se te presentan en el baño, como el terrible drama de sentir vello púbico en la pastilla de jabón.

ETA. ¿Es posible encontrar algo de gracia aquí? Sí, humor sarcástico que azota el corazón de listillos y políticos de medio pelo. Hay un tipo de humor para cada ocasión. →

← A la vista de las sabias ocurrencias de Ful le brotará la risa o por lo menos una risita mientras lee sus historias acerca de situaciones que se presentan en la vida y de como superarlas con humor.

Libre de prejuicios y con toda complicidad estoy orgullosa de presentar "Diario de un pesimista con buen humor" y halagada por serme solicitado este prólogo para la primera publicación de un amigo con el que comparto el mismo sentido del humor.

"Escribir un diario es como devolver cada día el vómito propio" Enoch Powell

Lunes, Marzo 21, 2005

# Presentación

El verdadero propósito de este libro es un auténtico despropósito. La idea surge para recopilar todos los artículos que había publicado en el *blog* o bitácora: *Ful El Blogcazas. Diario de un pesimista con buen humor.*

*http://miblogdenotas.blogspot.com*

Me hubiera gustado hacer un libro completamente humorístico pero, como tal diario que es, no he podido obviar el estado de ánimo de cada día. Así, algunos artículos son intimistas y otros con fuerte carga política. Si no le gusta alguno le ruego encarecidamente que arranque la hoja, pues es su libro y no lo tengo que pagar yo. En cualquier caso, prefiero que usted tenga un libro con las páginas que más le interesan a disponer del texto completo, dando pie a recibir sus dicterios.

El libro no es bilingüe, aunque lo parezca, simplemente recoge artículos en inglés que había creado o traducido para mi *blog,* cuyos textos se recopilan en este libro, a efectos de darle una mayor difusión a través de su medio propio: Internet.

Usted no dispone de todo el día para leer esta Presentación, así que, le agradezco que haya dedicado algo de tiempo a perder su tiempo, leyendo este paquete de páginas.

Este libro es para mí un mensaje en una botella, no sé quién lo leerá, ni dónde, ni cuándo será abierto. Si no le gusta no lo tire todo, la botella puede servirle algún día.

Fulgencio Serrano

Miércoles, Marzo 23, 2005

# Obituario para un vivo

Una vez conocí a un tipo que se pasaba casi todo el tiempo escuchando, se podría decir que lo había aprendido todo en los libros de quienes le hablaban, añadiendo, subrayando o arrancando hojas. La gente que le conocía adivinaba sus opiniones por la modulación de su risa. Así, una sonrisa corta venía a decirte: "eres sumamente tonto pero has dicho algo en lo que nunca había pensado". Si alguna vez podía confundirte era cuando usaba su risa sonora, enseñando el borde de sus paletas, porque era normalmente la que usaba cuando no se reía de nada sino de ti. Lo mejores momentos que pasé con él fueron aquellos en los que no ocurría nada, era entonces cuando lo aparente pasaba a un segundo plano. Un día me dijo que me pasara por su blog, y aquí me tienen, no sé decir que no.

(Publicado originalmente en el blog de Jossuex[2] )

---

[2] Jossuex es el pseudónimo de un buen amigo, Francisco José Ruiz Illán, para su blog: www.blogger.com/profile/7507985

Jueves, Marzo 24, 2005

## La hora ecológica

El domingo se adelanta la hora. El impacto ecológico es notable, pues se evita la tala de diez millones y pico de árboles, los mismos que luego se llenan de luces y guirnaldas en Navidad. A mí, si te digo la verdad, me es indiferente, lo único que me fastidia es que por ganar una hora pierda yo cuatro en ajustar los veintitrés relojes de mi casa (incluido el *Tamagotchi* de mi cría, no vaya a ser que se cague).

Sábado, Marzo 26, 2005

## "Yo tenía una granja en África..."

"Yo tenía una granja en África...", empezando así, dices: *qué pedazo de artículo voy a leer hoy,* y enseguida cierras los ojos y te acuerdas del libro "Memorias de África" de una tal *Isak Dinesenosequé*, con los paisajes, la naturaleza inhóspita, los ríos y demás *capulleces.* Ahora, si yo empiezo con: "Yo tenía un dúplex en Lo Pagán..." tus sensaciones desde luego que ya no son las mismas, para empezar piensas que allá en África puedes aparcar en donde quieras, eso ya en sí te transporta. Yo no digo que Lo Pagán no tenga *glamour,* lo tendrá, porque si no ¿en qué lugar del mundo podrías quedar atrapado en un atasco detrás de la furgoneta de "¡ajos, nena, ajos nena!" con ese megáfono precintado a las luces de galibo?

(Otro día hablaremos del traje regional de Lo Pagán, ella con *babi* de hombreras, chanclas, gorra de ciclista y monedero en la mano; él con pantalón de tenis y camisa de vestir con bolsillo anudada por encima del ombligo y su *boli*, cartera o algo que pese; otro día).

Martes, Mayo 31, 2005

## Los Gordosexuales

Todo viene de aquel día en que me enfadé con mis 154 kilos y me dije: Ful, debes cuidar tu figura y quitarte esos 2 kilos que tanto te afean. Lo primero que hice fue apuntarme al gimnasio, pero me aburrí de estar siempre en la cantina. Luego vino lo de la dieta aquella en la que podía ingerir de todo a excepción de mezclar el vino con la *Casera*... Así que ya veis, ahora sólo hago caso a mi psicólogo, ya no me importa comer sin límite porque él se encarga de subirme la autoestima.
(Consejo: engordar un kilo. por año es el mejor tratamiento antiarrugas, tu piel te lo agradecerá).

Martes, Junio 21, 2005

# Informativos

“Son las tres en punto. Buenas tardes, les habla Menganito. Titulares:...” Imágenes insólitas de un pastor de Malta que tropieza en una roca y se pega una *piña* con la buena suerte de que le sale sangre a borbotones, (¡vaya por Dios!) Como la imagen sólo dura seis segundos la repiten dos veces más. Después mencionan alguna cosa irrelevante de alguna cumbre de jefes de estado y más tarde conectan con Zutano que está en la misma redacción de deportes. ¿Se ha ganado el Campeonato del Mundo de Halterofilia? ¿Nuestro representante de esgrima pasa a alguna final? Pues no, resulta que Mediopeliño, lateral del Villajoyosa se queja de que no le hablan, y todo eso con la gorra *Nike* al revés.

Para terminar el avance informativo nos cuelan que un hombre ha matado a hostias a su mujer pero que lo van a decir después de los anuncios ¿y quién no se va a esperar, si luego viene una encuesta en el jardín de al lado en donde le van a preguntar a dos personas si tienen calor en agosto?

Lunes, Mayo 23, 2005

## Negociación con ETA

No,"...es que todos los presidentes del gobierno lo han hecho", pues por eso mismo.

Tras muchos años de no saber qué hacer contra el terrorismo encontramos la vía de solución: el Pacto por las Libertades y contra el Terrorismo. Hemos conseguido que ETA no mate durante dos años, y ahora aquellos a quienes se le ocurrió ese pacto, PSOE, nos dicen que ya no vale porque como están sin matar ese tiempo es oportuna una negociación, independientemente de que los terroristas ni hayan cedido ni se presuma que cedan en nada de lo que postulaban ya desde 1975, la alternativa KAS.

La negociación sólo ha de existir entre personas libres, nadie amenazado puede actuar en libertad.

El fin no justifica los medios, y esto es así para los GAL, la Guerra de Irak y la humillación de la negociación a punta de pistola.

No quiero vivir en una sociedad en donde las cosas se resuelven al final en favor del que dispara.

Negociación: en mi nombre, nanay.

Viernes, Julio 01, 2005

## Parece mentira

Parece mentira que sean las nueve, sentado aquí en *La Palmera* como si nada hubiera pasado. Vuelvo a la Edad Media leyendo "Los Pilares..." entre recuerdos de música jazz oída en coche con ventanillas bajadas y aromas a Gata y matojos. Con versos de Hierro "Después de todo, todo ha sido nada..."

Miércoles, Julio 06, 2005

## Espíritu Olímpico

¿Hasta cuando vamos a oír la tontería esa del Espíritu Olímpico? ¿Significa que los varones han de correr en pelotas dando vueltas al estadio? ¿Que las mujeres no pueden entrar a ver las competiciones o que hay que matar un borrego en honor a Zeus para que luego se lo coman los sacerdotes? ¿Qué hostias es exactamente el Espíritu Olímpico? ¿Interrumpir las guerras hasta que veinte mil niños vestidos de pingüino hagan el idiota y clausuren los Juegos?

Y no sé por qué, pero me viene a la memoria el negro aquel que casi se ahoga en la piscina porque ni llegaba a ninguna pared ni hacía pie, qué panzada a reír; o Greg Louganis, que se quería tirar del trampolín otra vez después de haberse abierto la cabeza en el salto anterior (hay que ser tonto, Greg) y si no la tal Andersen que entrando al Estadio en la prueba de Maratón parecía el Michael Jackson de "Thriller", y eso para qué; será por lo del Espíritu ese. No nos engañemos, hombre, que la gente no valora el trabajo de los profesionales, que no, que lo que realmente quiere es llorar con el jamaicano que ha perdido un zapato en la prueba de los diez kilómetros o la historieta de la joven que se pasó encerrada en su garaje durante seis años haciendo sólo abdominales y que no participó por una inoportuna (y lógica) hernia discal.

El deporte[3] es importante cuando se sabe lo que se quiere y se hace con cabeza, el Espíritu Olímpico hay que dejárselo a los inversores, *marujas* de lágrima fácil y televidentes de copa y puro.

[3] El que subscribe ha sido entrenador de alto rendimiento representando a España en competiciones internacionales.

Viernes, Julio 08, 2005

## London

I feel myself as a Londoner, London[4] is my city, every place where people are murdered is my site, nothing about human beings can be strange for me. On the occasion of this carnage let's answer with our more powerful weapons: freedom, democracy and obviously for them the jail.

Domingo, Julio 31, 2005

## Villedieu

*Villedieu* no sale en los mapas,
y sin embargo,
esto no parece preocupar
a la encargada de abrir y cerrar la capilla gótica,
ni a los que pescan *du Sandre* en el lago,
seguro que tampoco
a quienes intermitentemente atraviesan
los túneles arbolados que llevan a *Geste*.
En *Villedieu* los mapas no existen.

[4] 7 July,2006 52 people killed in the London bombing by a terrorist Islamic group.

Jueves, Agosto 04, 2005

## Discovery

Mi más eufórica enhorabuena a los astronautas que han sido capaces de arreglar el *Discovery*, porque imaginaros, con ese traje que no transpira y el calor que hace en agosto mirando por allá abajo, lo que sudarían las criaturas. Ahora, que tampoco es para ponerse así, porque arrancar una chispa de fieltro de los bajos del cohete no es para armar la de Dios es Cristo como han montado. Si tuvieran que quitarle a mi coche el galipote del guardabarros hacen otra entrega de la Guerra de las Galaxias, lo estoy viendo.

Lunes, Agosto 15, 2005

## Diario de un lunes

A eso de las siete y algo me eché al hombro un ataúd, lo había hecho ya alguna vez pero ésta fue por placer, era un buen tipo, nos había hecho reír tanto tantas veces que a casi nadie se le hubiera ocurrido llorar. Lo arrastramos hasta el fondo del nicho como si escondiéramos en lo alto del armario los regalos de los Reyes Magos... y pesaba, su alma no había debido de irse, era lógico.

Lunes, Agosto 22, 2005

## Historias de patio

En Yeste hay luna llena.
Ana cayó sobre mí dormida en la hamaca del patio,
seguramente aún le dará vueltas
a lo que le conté de Caperucita
o sobre las brujas buena y mala,
quien sabe si a la historia del sapo que vimos en el río.
Ella cree que soy Dios y
yo pienso que Ana lo es,
no nos ponemos de acuerdo.

Miércoles, Agosto 31, 2005

## New Orleans in my mind

One is not a very enthusiast friend of nostalgia but jazz music from Dixie lands comes to my head. I am still hearing the unexpected Ragtime on any corner of New Orleans, the sound of clarinet that meddles in the base melody of trombonists, trumpets and saxes. Katrina[5] sounds loudly but it does not sound well, she had never to cross the Mississippi.

[5] Name of a Hurricane that destroyed the south of United States.

Viernes, Septiembre 02, 2005

## Palabras textuales

(Rueda de prensa de la Vicepresidenta del Gobierno, viernes 3 de septiembre de 2005)

"Se van a subir los impuestos que gravan el tabaco para financiar la sanidad, y de paso si logramos que se fume menos, pues mucho mejor"
Analicemos la tontería:
No hay dinero para sanidad luego subimos impuestos del tabaco.
Subimos impuestos del tabaco y la gente deja de fumar.
La gente deja de fumar y no se recauda nada por tabaco.
No se recauda nada por tabaco y no se puede pagar la Sanidad.

Lunes, Octubre 03, 2005

## Karma

Hoy hay un eclipse anular con la suerte de que somos testigos de algo que no acontecía nada menos que desde el siglo XVIII. A todo esto se estima que doscientos mil ciudadanos perforarán sus córneas por observación directa con gafas de mercadillo, con lo que no podrán ver el siguiente previsto para el 3025 (p.e.c.t.l.h)[6]. El cometa Halley pasó por aquí también después de unos cuantos siglos y la gente salió a las terrazas de sus dúplex para observar algo que no se iba a repetir hasta el 2089, y eso que dentro de un mes o así se verá Venus en su punto más próximo a nuestro planeta, algo que no ocurría desde 1625. Y para hacernos más amena la espera de la lluvia de asteroides de la constelación de Orión, que se producirá si no pasa nada para el 2044, nos sometemos a una cura de aura para mejorar nuestro karma por que nada que ocurre en el cielo puede ser casual. Alguna tribu de *raelianos* hará ritos de sanación cósmica antes de la gran hecatombe estimada para el 3054, mientras tanto el gurú pedirá las donaciones aprovechando que el *Ibex* se cotiza al alza y antes de que estalle la burbuja económica que se cree probable para el ejercicio 2068-2069. Octubre es el mes de los memos, afloran los coleccionistas de dedales del mundo y de SEAT 600 en miniatura. Pero mejor no reírse que aquí nadie está a salvo. Ante todo, mucha karma.

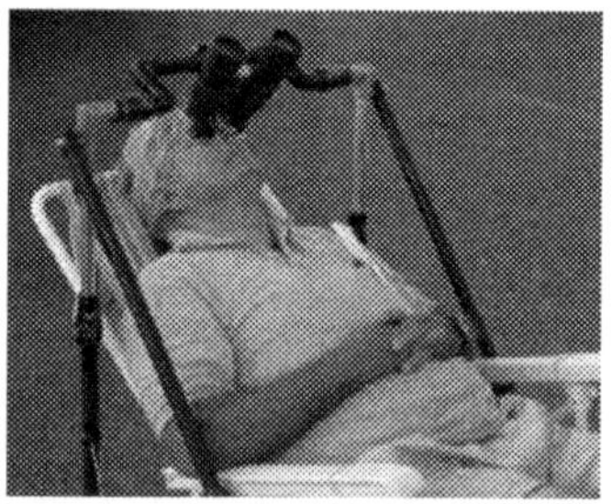

[6] "Por el culo te la hinco"

Lunes, Octubre 31, 2005

## La Monarquía

Nos ha nacido Leonor, heredera al trono de España. Letizia Ortíz Rocasolano, con su sencillez, ha querido ir a parir al médico del seguro compartiendo habitación con una inmigrante ecuatoriana, como una española más. Ya, ya sé que no pudo y que fue obligada a parir en la Clínica Ruber con toda una planta reservada y un equipo médico en dedicación exclusiva, ya lo sé, no tomadme por tonto. Y ha venido al mundo esta Leonor a luchar contra la discriminación de la mujer en el acceso a la Corona. Mi amigo Tirso me dice que somos los hombres los que hemos estado siempre discriminados pues sólo uno de nosotros podía ser rey por razón de sangre al contrario que cualquier mujer viviente, que podía ser reina por razón de chocho. Yo, que como se ve no soy muy partidario de pagar cuentos de hadas, hubiera preferido que la Constitución hubiese sido cambiada hace tiempo para que la mujer (UNA MUJER ÚNICAMENTE, tú no) se hubiera equiparado al hombre (UN SÓLO HOMBRE, tú tampoco) y llegado el día haber estado orgulloso de ser súbdito, no de Felipe sino de su hermana Elena I La Tonta. Particularmente estoy muy a gusto con los actuales reyes, a estas alturas nadie duda de que se han ganado el sueldo pero reconozco que no llevo bien lo de no poder ser Rey de España por impedimento legal y tampoco me consuela que me digan que la monarquía de ahora se va a modernizar porque lo más moderno que le puede pasar a la Corona es que desaparezca. Modernizar estas instituciones es tan absurdo como modernizar la esclavitud, el derecho de pernada o la servidumbre de gleba. Y en cuanto a ti Leonor, no sé que comprarte, lo mismo un chandal y unos *bambos* del Lidl para que te sientas como tus humildes compatriotas pero no sé por qué, me sospecho que no te los van a poner.

Sábado, Noviembre 05, 2005

## El *Ettatuto*

Fulgencio Serrano Meseguer, DNI 23.507.658 T (de Barcelona) Tirso Gómez Lozano DNI 25.865.985 – Z y Juan Carlos Más Castillo DNI 52.368.965 - P comparecen ante ustedes encapuchados para preservar su anonimato y exponerles la

### REFORMA DEL ESTATUTO DE AUTONOMÍA DE LA REGIÓN MURCIANA

### PREÁMBULO

Murcia, ejerciendo el derecho que le reconoce la constitución manifiesta su voluntad de constituirse en Reino Independiente las terceras semanas de mes.

En esta hora solemne en que Murcia recupera su libertad, rinde también homenaje a todos los hombres y mujeres que lo han hecho posible.

TITULO PRELIMINAR: DISPOSICIONES GENERALES

Artículo 1

Murcia es un Imperio, o por lo menos lo vale

Artículo 2

El Imperio murciano está compuesto por los territorios actuales más los que se reclaman por razones históricas como en justicia son, Orihuela, la Vega Baja hasta Guardamar, La Torre de la Horadada, Hellín , naciones bañadas por el trasvase Tajo-Segura, la totalidad de la provincia de Albacete, las poblaciones de Huercal-Overa, Vélez Rubio, Vélez Blanco, José Vélez y Cartagena de Indias.

Artículo 3

Escudo. Nuestro escudo estará compuesto por la figura un ladrillo del 6 escoltado por cuatro campos de golf y en sus vértices cuatro plantas desalinizadoras sin inaugurar.

Artículo 4.

Himno. El Himno de Murcia a diferencia del vecino país Ex Paña tiene letra pero no tiene música.

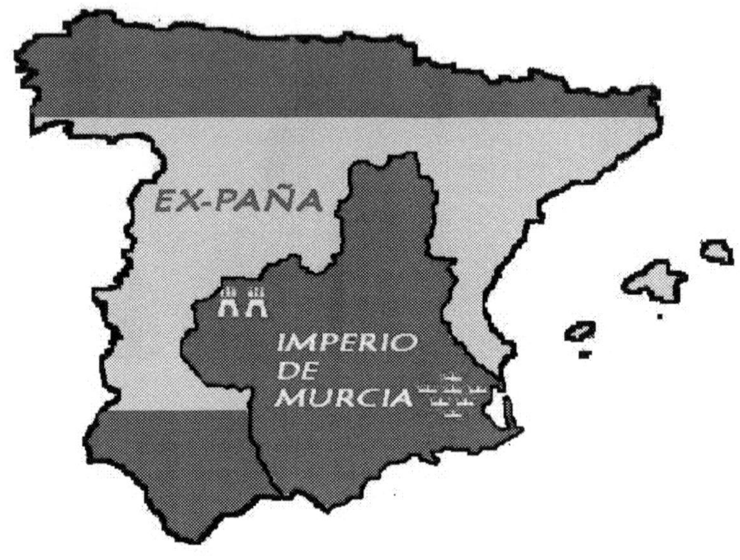


Artículo 5.

Por el culo te la hinco

Artículo 6

Serán ciudadanos de Murcia todos aquellos nacidos en el Reino de Murcia o en los territorios de ultramar (Isla Perdiguera).

Artículo 7

Lengua. La lengua oficial del Imperio es el Hispano-Panocho, todo murciano tiene el derecho y el deber de conocer su lengua. Las instituciones imperiales promoverán su uso y serán especialmente escrupulosas de que, en dicha lengua vengan traducidos los billetes de banco, las entradas de fútbol y los tiques del *Mercadona*. Los que no sepan hablarla irán a clases los martes y jueves después de comer.

Artículo 8

En el proceso de normalización lingüística de nuestro idioma se eliminará la grafía "g" que será sustituida por la jota, llamada, a partir de ahora, "jota murciana".

Artículo 9

La bandera. Murcia tendrá dos banderas, una azul celeste y otra negra que se usarán respectivamente de día y de noche para no ser vistas.

TÍTULO PRIMERO

Artículo 10

Financiación. El tesoro imperial será sufragado por un impuesto inversamente proporcional a la riqueza de sus súbditos así como por un canon sobre el champú y el papel higiénico y solidariamente por lo que le sobre a Cataluña.

Artículo 11

Con la aprobación de este articulado se colman las reivindicaciones históricas de Cartagena y así pues por fin CARTAGENA ES UNA PROVINCIA sin discriminación sobre el resto de las que componen el Imperio murciano.

Artículo 3.

Todas las provincias dependen orgánicamente de Murcia Capital como capital del Imperio, incluida Cartagena.

Artículo 12

La Asamblea es la cámara de representación de todos los murcianos y estará constituida por un solo escaño

TÍTULO SEGUNDO

Artículo 13

Moneda. La moneda del imperio es el Valcárcel, divisible a su vez en piezas de menor valor, así 1 *Varcárcel* equivale a 100 *Mariantonias* , 1 *Mariantonia* equivale a su vez a 5 Collados.

Artículo 14

La unidad de medida es el metro urbanizable

Artículo 15

El metro urbanizable se divide en 10 miajas. La unidad fraccionaria de la miaja es la *miajica,* también llamada *chispitiquia.* Es decir, son *lomismico.*

Artículo 16

La Narbona cúbica es la medida de capacidad. La Narbona cúbica se mide al revés. Ejemplo: un pantano lleno es igual a cero narbonas, un pantano vacío es igual a una *panzá* de narbonas.

Artículo 17

El imperio murciano protegerá el Río Segura para evitar trasvases desde éste a otras cuencas. El Segura pasa a ser navegable hasta Cieza.

DISPOSICIONES ADICIONALES

Artículo 18

El poder en el Imperio murciano emana del pueblo. El pueblo emana de la Prima y la Prima Hermana ya no vive en el pueblo.

ACERCAMIENTO DE LOS PRESOS

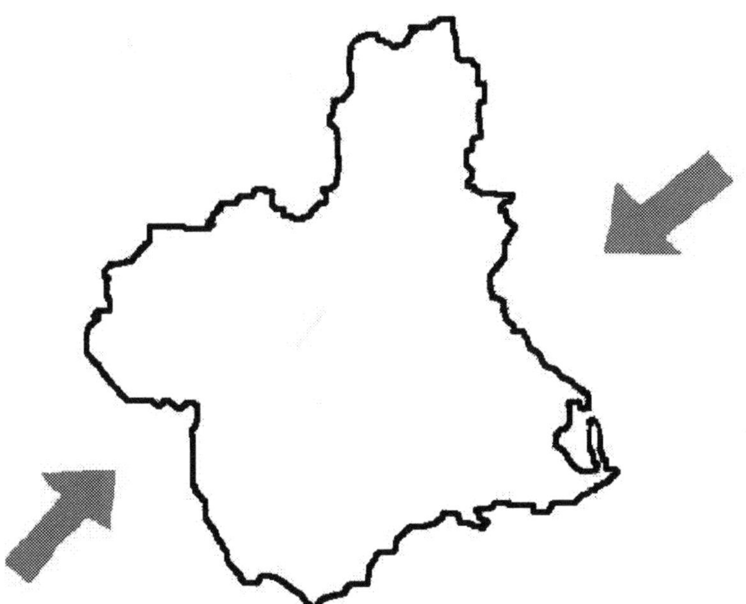

MURCIANOS A SANGONERA

Martes, Noviembre 22, 2005

## C.M.G.

Ésta es mi foto preferida, me la mandó una tal C. M. G. Algunos de mis lectores no conocen quién es Consuelo M. G., os lo diré más adelante. La belleza de la fotografía es inenarrable, no voy a describir lo que veis pero aquella noche me reí mucho, serían las cuatro de la madrugada cuando abrí mi correo y me doblé a carcajadas viendo semejante composición. C. Monreal Garres fue una atleta que yo entrenaba cuando era una ignorante niña pequeña, con el tiempo se espabiló, le salieron tetas y se casó. Ahora trabaja de maestra de escuela en un suburbio de Lorquí. Consuelo Monreal Garres es un pelotazo de mujer humana, qué cosa más grande, *orico molío.*

Martes, Noviembre 29, 2005

## Paul McCartney, un hombre comprometido

El bueno de Paul ha decidido suspender sus conciertos en China tras ver unas imágenes del maltrato que se daba a los animales en ese país. Que hubiera pena de muerte para seres humanos, que los ejecutados llevaran un cartel en el cuello con su compatibilidad de órganos para ser trasplantados en fresco, que..., no debió impactarle lo suficiente para alzar su voz *sesentayochera*. Aquí nadie da limosna si el mendigo no tiene un perro en los brazos, incluso nos manifestamos si en los jardines no hay suficientes *pipicanes*. (¿Se puede ser más animal?). Ahora Paul, cántale al amor y a las estrellas que eso me enternece, háblame de los mares y del sol, pero si me dibujas un corazón procura que no lleve escrito el grupo sanguíneo.

Miércoles, Noviembre 30, 2005

# Bombardeos de mensajes en .PPS (*Power Point*)

Queridos remitentes,

Os lo digo muy en serio, no quiero que me mandéis más un archivo *pepeese* a mi correo electrónico, me rompe los nervios. Tengo que estar diez mil minutos esperando para abrir lo que dice un idiota dándole al puto ratón para que aparezca una letra y darle otra vez para que aparezca otra y así hasta diez mil veces dejándome el puto dedo para que el gracioso/a suelte una ocurrencia que se puede liquidar de un sólo golpe de vista ES-CRI-BIEN-DO la gracieta en un rengloncillo como toda la vida de Dios. Estamos a miércoles y ya he *tomao* la primera *pesambre*.

**TUTORIAL:**

1- Cómo substituir un mensaje PPS por uno menos molesto:

Solución:

Si quieres contar un chiste, tipo "-Papá, papá, llévame al circo

-Hijo, quien quiera verte que venga a casa."

No hace falta que pongas: -Papá (click, shhhisssssssssh, cambio de diapositiva), -Papá (click, shissssshoooon, cambio de diapositiva)....

Basta con que mandes un correo y pongas la tontería de un tirón en el cuerpo del mensaje y no te pongas a adjuntar el *archivico pierdetiempo* de los cojones.

2-Según Bobo Consulting, el 90% de las imágenes de un PPS mandadas por los habitantes de OHIO a amigos y conocidos no hacían gracia, si extrapolamos el estudio a Murcia nos encontramos que tampoco hacen gracia, recuerda: NO HACEN GRACIA, si te ves en la tesitura de incluir o no una imagen para dar el porculo a tus amigos recuerda NO HACEN GRACIA.

3-(ya no me acuerdo)

Un saludo. Ful

Nota: para el que no conozca el sesgo de este mensaje advertimos que el autor no está tan cabreado como parece, pero por favor, si tienes un PPS mantengamos la amistad.

Viernes, Diciembre 02, 2005

# Helicóptero Torero[7]

Plaza de Toros de Móstoles.

1 Helicóptero 1.

Con traje de luces de pintura blanca y metacrilato salió al coso madrileño "Licopterito" de 8250 kilos, *aspifino* y patines afeitados, demostrando una gran falta de fuerza con los de su lote. Silencio, vuelta al ruedo, llegó hasta la bandera y falló al entrar a matar dando seis trompazos. Cortó 2 filas de asientos y salió por encima de la puerta grande. Gran ovación a las autoridades que salieron a hombros de sus cuadrillas de guardaespaldas.

---

[7] Espectacular accidente de helicóptero en el que viajaban, entre otros, el líder de la oposición, Mariano Rajoy y la Presidenta de la Comunidad de Madrid, Esperanza Aguirre. Vea las imágenes en: http://www.youtube.com/watch?v=9azToRpCnl8

Jueves, Diciembre 08, 2005

## No sé si soy de los míos

El salón de la casa de mi amigo Jossuex es un espacio que da cabida a las grandes inquietudes sociopolíticas y culturales de nuestro tiempo. Espinardo no tiene nada que envidiar a la Praga revolucionaria o al París de la revuelta existencialista. Posiblemente que viva en un tercero sin ascensor te obliga a purificarte físicamente como un Vía Crucis, se sabe que, en el yoga, la respiración es importante, pero aquí se convierte en fundamental. Como si una pirámide azteca fuera, llegar al timbre te convierte en persona privilegiada. Los asiduos aceptamos con resignación que la luz se apague siempre antes de encarar los últimos peldaños y oímos con serenidad los signos de angustia que muestran los recién llegados ("dale, que me mato, hostias").

Domingo, Enero 01, 2006

## Tabaco

*Lo que siempre quiso saber y nadie se atrevió a contarle*

Nunca he fumado (aplausos) y me molesta el humo mucho (aplausos). Tampoco soy partidario de las reglamentaciones absurdas y las leyes idiotas son muy perjudiciales para mi salud (abucheos). Como no voy a aportar nada nuevo a la polémica de este primero de año pues me callo y ya está. Pero yo, por prohibir, vetaría la venta de periódicos desde el uno de noviembre al 25 de enero, porque parece ser que el cambio de año fomenta los debates estériles. Un año estuvimos *acojonaditos* por el *Efecto dosmil*, esto es, un ordenador, que se pasa todo el día echando cuentas por sus circuitos a 300.000 km./s, podía colapsarse después de las uvas y no saber en qué día vivía, y claro, todo el mundo *asustaico*: ¡ohhhhh, ohhhhh! Al siguiente año que si era el fin del milenio o no lo era, de pronto, no a la computadora que ya pasó lo suyo, sino al ser humano, ni más ni menos que al ser inteligente de la creación SE LE OLVIDÓ restar por nochevieja. Luego vino otro fin de año y la prensa con la campaña *6 euros son mil pesetas* enredando la birlocha para ver si nos equivocábamos con los dinerillos pagando el primer chocolate con churros de enero, porque otra cosa no pero *tonticos* somos nosotros con el dinero, gracias prensa, gracias. Y entre que si un año iba a ser el fin del mundo (suele haber fines del mundo cada diez años) o si el juicio final había sido ya, nos llegó la polémica del tabaco. Esta tropa del Parlamento, los peores 350 escaños que se han visto en España en mucho tiempo, debe de ir fumada todo el tiempo. O sea, que la gente va a dejar de fumar porque la soberanía popular lo diga. Yo no he estudiado en Harvard pero por lo que me cuentan creo que se deja de fumar cuando uno así lo quiere. ¿A qué viene tanta reglamentación? ¿No existía ya un decreto de

1983? Pues como esa norma no se ha hecho cumplir viene ahora lo de la Ley, y espero que se cumpla de una vez porque me temo que si no da los resultados esperados nos van a meter una constitución antitabaco y después quien sabe si una ley cósmica o algo así. El tabaco es malo, ya lo sabemos, pero ¿por qué no pueden dejar a los pobrecitos fumadores que lo compren en donde les dé la gana? ¿Si se puede vender por qué no se puede publicitar? ¿Por qué las cajetillas de cigarrillos de chocolate para regalar a los niños sólo se pueden vender a mayores de 18 años? El *reglamentismo* es un vicio que sí debería estar prohibido.

Viernes, Enero 27, 2006

## La Política

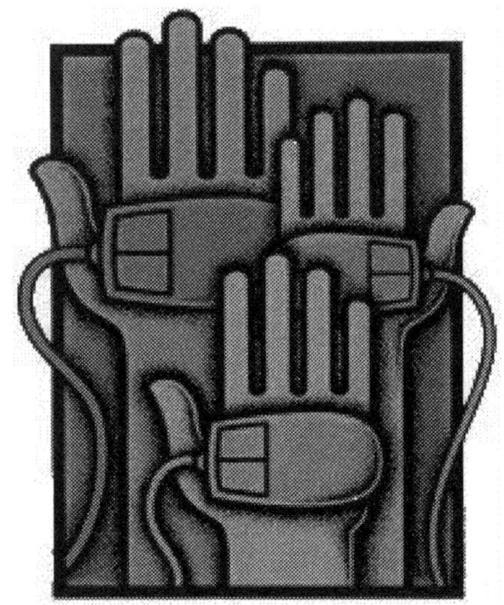

La Política es la única solución a los problemas del ser humano en comunidad, (sí, he dicho bien: "única"), es por eso que desde siempre he sentido atracción por ella. Rechazo los comentarios del tipo *"los políticos pasan de los ciudadanos"*, sinceramente creo que abundan más los casos en donde los ciudadanos se desentienden de la política escudándose en frases como la de que todos los políticos son iguales, afirmación que yo no creo, sería como decir que todos los votantes lo son también, no veo la similitud entre un alcalde de Marbella y un escoltado del País Vasco, si alguien puede explicarlo que me llame sin dilación. En el fondo subyace ignorancia, despreocupación y falta de compromiso, corregir eso significa esfuerzo y es preferible sustituirlo por el *Buenismo* es decir, no nos peleemos y discutamos sobre lo que no necesita discusión (el clima, la salud, la importancia del fuego,...) ya que el enfrentamiento es malo y los hombres tienen que ser buenos y amarse los unos a los otros, es decir, yo a lo mío que no quiero problemas en esta vida, que son cuatro días. Pero claro, esta postura con ser cómoda no satisface al espíritu, se necesita ser un hombre de nuestro tiempo, pero comprometerse socialmente ya hemos visto que no era conveniente, ¿por qué luchamos entonces si queremos ser modernos? Pues por lo nuevo, lo viejo es retroceso y lo reciente es progreso, es decir, se confunde Progresismo con *Novedismo*, (asunto éste muy comercial, por otra parte) y paradójicamente el *novedista* lo hace encuadrándose en opciones políticas clásicas, la Derecha o la Izquierda, posiciones muy maleables como la Historia nos ha enseñado. En el fondo lo que hay es una pobreza intelectual que nos lleva a querer triunfar sin compromiso y sin esfuerzo, teniendo en cuenta que la posibilidad de ganar es máxima cuando la lucha se produce entre dos oponentes; así, no es extraño que las grandes discusiones vengan siempre de las rivalidades entre dos: PP-

PSOE, Real Madrid-Barcelona, Religión-Ateísmo,... Necesitamos encuadrarnos para reafirmarnos. Apoyo las palabras de Savater (2004) cuando define la política como "hacer" y no como "ser". Concluyo: hay que mojarse en las soluciones que creemos justas y si está claro que la Verdad absoluta no existe es obvio que las medias verdades abundan.

Lunes, Enero 30, 2006

## Mi patria es la Libertad

"Mi patria es la Libertad" Zapatero *said,* mi presidente sacó la calculadora de hacer frases rimbombantes. Las máquinas son así, les preguntas cuantos son dos más dos y te responden cuatro, siempre dicen lo que esperas. Lo malo de la computación electrónica es que va atrofiando el raciocinio. Sucede sin embargo que yo no vivo en Libertad, vivo aquí. Podría vivir en Detroit, pero vivo en Murcia. Aquí es donde me muevo, donde mis niñas van al colegio, el lugar en el que curro, huelo a río podrido y es la ciudad donde me multa la ORA. Por razones históricas resulta que este lugar pertenece administrativamente a España, esta es mi patria (te juro que no la elegí) pero en este lugar me dejan votar cada cierto tiempo y cuando me agobio llamo a la policía, que sin más remedio viene porque de no hacerlo algún juez, que mantengo con mis impuestos, podría amargarle la semana. Cada cierto tiempo lloro con mi selección de fútbol oyendo mi himno, son pocas veces, la verdad. Normalmente lloro más cuando les veo jugar, pero es mi himno aunque no lo compuse, y me gusta porque no tiene letra, evitándome así pasar vergüenza. El himno me gusta por lo que tiene de no musical, es decir, porque representa a un espacio físico que no tiene pena de muerte y en el que no te rebanan el clítoris cuando naces. España es para mí la nación más importante del mundo ¿y sabes por qué Zapatero? Muy fácil, porque es la única que me cuesta las *perras*. Tú, te guste o no, eres mi presidente, el que me pasa la hucha para pagar la fiesta. Tenlo en cuenta y no digas bobadas.

Viernes, Febrero 03, 2006

## La ley electoral

Uno de los males de nuestra democracia es la ingobernabilidad de una ley electoral hecha en la Transición para incorporar a los nacionalismos periféricos de entonces al compromiso político general. Para ello se buscó un sistema electoral que beneficiara al voto localizado territorialmente. La consecuencia ya se ha visto, después de varias legislaturas o se gobierna con mayoría absoluta o se hace cediendo al chantaje del escaño útil de grupos marginales con ideologías no focalizadas en el interés común. En ambos casos no se gobierna para todos (porque aquí aún no cabe en la cabeza la *Große Koalition* o gran coalición alemana actual entre los dos grandes partidos mayoritarios y nos falta un poco para la madurez política que los años han dado a ese país). Algunos me tacharán de excluyente pero lo explico, la circunscripción electoral debería ser única, así, todos los escaños serían proporcionales a los votantes, si se votara para el parlamento nacional: 350 escaños a dividir entre el censo nacional, y de igual manera para las elecciones a parlamentos regionales o locales. ¿Todo esto para qué? Pues para algo tan "revolucionario" hoy como que un hombre es igual a un voto, y no a voto y pico o voto menos algo dependiendo de dónde se vote y a quién.

Jueves, Febrero 16, 2006

# Carta a un niño

¿Te acuerdas de esta foto, cuando te dijeron que a tu padre y tu a madre les acababan de reventar la cabeza en plena calle? Pues tienes que entenderlo, para que no vuelva a pasar es mejor que no te tomes a mal que alguna gente del norte, sin más alternativa que matar a tus padres, se reinserte aunque no se arrepienta y no te dé un duro de indemnización para que salgas de la mierda en la que estás. Te lo explico, resulta que ellos (ETA) ven que no pueden cambiar la sociedad de otra manera, entiéndelo, no pueden recolectar suficientes votos ya que el 97% de ciudadanos al que dicen representar está, según ellos, equivocado. Mira, durante un tiempo estuvimos diciendo a la gente que resistiera, que no podíamos aceptar esa barbaridad, pero ahora las cosas son distintas, sabes. Después de 1000 muertos nos hemos dado cuenta de que la democracia no es la solución de todo, que a veces es mejor comerse la dignidad para que no nos disparen como a tus padres aunque sea a costa de escabullirnos de nuestros deberes cívicos, y nosotros por lo que nos toca también lo sentimos. A partir de ahora no vamos a ser muy creíbles cuando hablemos del Estado de Derecho en época de mítines pero así son las cosas, la vida sigue, no nos pidas que seamos héroes.

Un beso de todo el Gobierno y sé fuerte, nosotros no hemos sabido serlo.

Miércoles, Marzo 15, 2006

## La vejez

La vejez es una etapa vital con inicio difuso, por lo común es un proceso que abarca desde que te niegan la beca hasta que te abandonan en una gasolinera. Como es natural la evolución depende siempre de cada individuo y el proceso es impredecible en la mayoría de los casos, aunque hay síntomas a los que uno debería prestar atención, como es sin duda alguna el hecho de que ya no te requieran para situaciones que hasta entonces eran habituales. Investigadores del Centro de Estudios Gerontológicos de la Universidad de Nueva Espinardo (Virginia, USA) han encontrado una curiosa relación en la curva logarítmica del binomio Amistad-Invitaciones a restaurantes abusivamente caros[8]. Analizando una muestra de amigos de lugares tan

---

[8] La semana anterior a la redacción de este texto, todos los amigos del redactor se reunieron para cenar en un restaurante carísimo, (entonces no lo sabían), sin cursar invitación de asistencia al autor de este artículo. Dicen que la amistad es riqueza, si bien en casos como éste, se es más rico sin amigos con los que cenar.

separados como Molina de Segura, Espinardo, Vistabella, Campos del Río, Los Martínez del Puerto y Santo Ángel observaron que el grupo experimentó un extraño episodio de olvido colectivo hacia un individuo en particular a efectos de su convocatoria a una cena no espontánea. Entrevistados algunos de los protagonistas se obtuvieron conclusiones sorprendentes, el 99,9% de sujetos que no habían llamado a Ful para invitarle a cenar formularon expresiones tipo "¿por qué no ha venido Ful?", "joder, aquí falta Ful ¿no? ","llamad a Ful, que no tengo saldo", también se oyeron expresiones ajenas a dicho estudio como: "tocamos a 50 euros","Sebas, falta lo tuyo","me voy a Molina que tengo sueño"...

Jueves, Marzo 23, 2006

## El Síndrome de Estocolmo

Especialistas hay que lo pueden definir mejor que yo. Pero a mi entender es aquel comportamiento del secuestrado hacia el secuestrador viéndolo no como enemigo, sino como libertador. Ayer esta banda de gentuza, capaz de tener a un tío más de 500 días en una tumba, bombardear un hipermercado y reventarle la cabeza al padre que llevaba al hijo al fútbol ha declarado un alto el fuego permanente. Este comunicado ha extendido el *Síndrome de Estocolmo* por toda la sociedad, de tal manera que la España recién liberada pega saltos de alegría. Hombre, que no me maten

es algo positivo, qué gran corazón, cómo puedo devolveros el favor, gracias. Ayer os vi con esa pinta de nazarenos con boina sentados en mesa petitoria lanzando vuestro *Urbi et Orbi* franquista "Españoles, la guerra ha terminado..."
¿Pero ha terminado?
¿Significa eso que esta banda mafiosa va a trabajar por cuenta ajena, o montando su pequeño negocio para ir tirando?
¿Significa que ya no quieren Navarra, o que ya la ven como suya?
¿Quiere decir que dan por sentado que sus pedazos de carne con ojos que están en prisión con más de mil años (1.000) de condena saldrán a la calle mientras los ladrones de gallinas sigan en ella admitiendo que la Paz es un valor superior a la Justicia?
¿Debemos entender que una vez celebrado el supuesto referendo de autodeterminación aceptarán un posible "NO"?
¿Qué pasaría si algunos de estos iluminados de mente obtusa se escindieran de la ETA actual para formar otra ETA bis por no aceptar el alto el fuego como ya hizo la ETA militar y la político-militar a principios de los 80? En ese caso ¿seguiríamos cediendo o aplicaríamos la fuerza del estado?

Así que por mucho talante Gerry Adams que imitéis (os recuerdo que en Irlanda había dos bandos que mataban y morían), por mucha parafernalia palabrera y hueca que utilicéis a mí no me pegáis el síndrome y sólo puedo desearos que consigáis pronto vuestra independencia de la gente digna y la celebréis por muchos años entre barrotes.

Miércoles, Marzo 29, 2006

# Los viajes de aventura

*(Algunas expresiones que uso son transcripciones fonéticas de la lengua que se habla en Murcia, permitidme la incorrección lingüística)*

Desde que aseguran que no te va a pasar nada y te pagan el autobús de regreso a la puerta del Corte Inglés, los viajes de aventura están perdiendo todo su misticismo. Yo echo de menos cuando venían y te contaban: -"oye tío, ¿sabes que estuve en Antananarivo y un cocodrilo mató a dos de los nuestros?" "Joder no me digas", y por dentro piensas: *coño qué sunnormales, si se hubieran ido a Mojácar* ... Pero claro tienes allí a tu colega tan vestido con botas de montaña de tejido sintético y coraza térmica, afligido y, oye pues nada, que lo único que quieres es que se vaya por el *calorazo* que te da verlo así en la Plaza del Romea en junio. La tele hace mucho y siempre hay quien prefiere la libertad de las rutas 4x4 al desplazamiento en utilitario, lo chocante es que los senderos *out road* a descubrir no están hoy en Burkina Faso o Nueva Caledonia sino en La Rogativa o en la Rambla del Moro y aunque Grúas "El Curruco" llegue a todos los lugares, es vital llevar 3 ruedas más en la baca, 4 depósitos extra de combustible y víveres para la Operación Retorno y el GPS bien calibrado para que te suelte de vez en cuando: "Picha, estamos en un atasco, echa por Sucina". Bueno, más o menos, porque el aparato viene en alemán. Independientemente de los medios, existen otros detalles que no deben faltar y así, vayas, donde vayas siempre tienes que echarte *Nescafé,* si no, te pierdes lo más bucólico: cuando ella se levanta de su colchón inflable de Eroski y va a lavarse a los *tigres* del camping con las primeras luces del alba y allí estás tú, calentando esas tazas para los dos mientras ella vuelve y se te acurruca entre tus ropas y empieza a rozarte con las chanclas de dedo empapaditas de orines que antes o después terminan pisándote tu chándal, dejándote pegada la colilla que llevaba enganchada en la suela (alguien tendría que meterle mano a los servicios de los camping). (Continuará)

Martes, Abril 04, 2006

## El hortera

Ser tacaño es una filosofía de vida que no depende en nada de la cantidad de dinero que se tenga. Vi con mis ojos como un recién agraciado con 500 millones de pesetas en la lotería obsequió con bombones a quién le vendió el décimo. Pero estos no iban dentro de un búcaro de porcelana francesa, ni en un estuche de cartón policromado adornado en su interior con espacios troquelados donde cada bombón lleva una estúpida etiqueta explicativa que te dice algo así como, “exquisito sabor a tres chocolates rellenos de almendra tostada minuciosamente bajo la receta tradicional de la ribera del Loira". Bueno un bolón que te cuentan para subirle diez veces el IPC a la cajita, que además siempre engaña, porque sólo es de un piso y lo sabes cuando a la de tres sale un sibarita que te dice "¿has probado el *Praliné Cream*? Y resulta que no, que había uno sólo, el suyo, y si te he visto no me acuerdo. Pues como decía, el tacaño de nuestra historia compró al peso unos cuantos y los entregó en una bolsa de plástico con su nudo ¡qué categoría más grande ¡ Con el hortera pasa algo parecido, pero puestos a graduar, éste es más peligroso. El dinero saca al exterior toda su estructura mental, avergonzando a la especie. Con lo de Marbella reconozco que tengo que ver la tele a escondidas, qué pensarían de mí si me pillan oyendo como un señor tiene un elefante disecado en su salón, un leopardo enjaulado y una plaza de toros, con ermita incluida, en el porche del chalecito. Lo del elefante me ha trastornado, yo cada vez que me imagino yendo a oscuras a mear por la noche y tropezarme a la vuelta, medio dormido, con un orejón de corcho, me pone de los nervios. Supongo que esto es acostumbrarse, como todo, y de igual manera que te hacen callar de repente para decirte: ¡mira, mira, como canta el jilgero! Pues digo yo que será lo mismo con el leopardo, y doy por sentado que una mañana ya no será igual sin rugidos de fieras que le despierten a uno de su sueño hortera hecho realidad.

Martes, Abril 11, 2006

## Noticiario perpetuo

Antes de que existieran los satélites meteorológicos la humanidad, al menos la ibérica, se regía por el célebre Calendario Zaragozano ("*más de 150 años informando, fundado en el año 1840 por el célebre astrónomo Don Mariano Castillo y Ocsiero*"). El éxito de la publicación venía de su intemporalidad, es decir, pronosticaba el tiempo de una manera general se tratase del año 2006 o del 1914.

Yo no pretendo competir con D. Mariano pero propongo lo mismo en el campo informativo, algo así como un Telediario perpetuo, un programa grabado para verlo en cualquier época del año. El formato no lo tengo aún madurado pero os propongo las siguientes noticias que son repetidas incansablemente:

ENERO

- Rebajas. Marabunta de seres humanos esperando en la puerta del Híper, además como siempre son los mismos bastaría con conservar la copia de video de un año para otro.

- Juguetes. Reportaje sobre la diferencia de precio que existe entre un establecimiento y otro para echar los reyes. Por supuesto, la denuncia ante Consumo de alguna chupeta que venden en los *Todo a cien* y que se cae a trozos.

FEBRERO

- Entrevista a un grupo de Drag Queen preparándose para los carnavales.
- Ola de frío siberiano. Sondeo entre un grupo de personas sobre si tienen frío o no.

MARZO

- Ocupación hotelera para las Fallas de Valencia al 100%, si es posible añadiremos una declaración del presidente de hosteleros en la que manifiesta su pesimismo respecto a otros años.

ABRIL

- Especial Semana Santa de Sevilla. Crónicas describiendo el dolor de las esculturas aunque las caras talladas sean las mismas de un año para otro.

- Campaña de la Dirección General de Tráfico indicando a los conductores que no se vayan de vacaciones para reducir los accidentes.

MAYO

- Manifestaciones sindicales por el pleno empleo el 1 de Mayo. Para cubrir minutaje se puede incluir el recuento: 1.000.000 de asistentes según los organizadores y 25.356 a juicio de la Delegación de Gobierno. Si se nos pide un reportaje más amplio podemos añadir la queja de los líderes sindicales de que al caer en fiesta la fiesta del trabajo, la gente se ha ido a la playa.

JUNIO

- Plazo para pagar el IRPF. Secuencia de las colas de pensionistas que quieren ser los primeros en pagar. Huelga de Iberia el día 31.

JULIO

- Aquí no hay noticias por encontrarse los periodistas de vacaciones, se recomienda entonces rellenar todo el telediario con noticias procedentes de Estados Unidos, por ejemplo: encuesta sobre la obesidad y algún record Guiness de comer hamburguesas o algún americano dando la vuelta al mundo en pony contra la guerra. También las imágenes del hombre del pony expoliado por una banda de salteadores a su paso por Tayikistán.

AGOSTO

- Entrevista a dos bañistas sobre si les molesta o no que esté lloviendo, poned como respuesta siempre: "Pues muy mal, porque venimos de Alcorcón a pasar unos días de playa y muy mal, imagínate, super mal."

-Reportaje del estado de las playas con imágenes de Benidorm y una tía en tetas tomando el sol, da igual que sólo haya una entre mil, la tia en tetas tiene que salir en la tele, no se sabe bien el porqué, ¿serán dos tetas el escudo del municipio?.

SEPTIEMBRE

- El síndrome postvacacional, un psicólogo dando instrucciones de la incorporación progresiva al puesto de trabajo, una hora el primer día y así sucesivamente hasta poder echar las ocho horas intentando siempre hablar con los compañeros, evitando trabajos pesados y no reduciendo la hora y media de desayuno.

-El primer día de *cole* para Vicente que llora amargamente mientras su madre se libra de él saliendo por patas.

OCTUBRE

- Este mes lo dejamos para colocar la publicidad de lanzamiento de coleccionables:

Saleros del Mundo/Construye la Gran Muralla, primer fascículo dos ladrillos/

Enciclopedia de abrebotellas/...

NOVIEMBRE

- El entrenador del Madrid en la cuerda floja, dudas sobre su continuidad.

- Lolita encuentra un nuevo amor.

DICIEMBRE

- Recomendaciones de la OCU para que no te estafen en la compra de Nochebuena.

- El gobierno prohíbe algo a partir del fin de año.

Respecto a noticias de sucesos añadid frases obvias para carnaza de las mentes simples como: *"...la policía está investigando el caso con todos su medios... el juez ha abierto una investigación de la que aún no podemos saber nada..."* ya que eso es lo que suele pasar siempre, lo normal, lo civilizado, si no fuera así sería una bomba informativa y recordad que este noticiario tiene que valer para siempre.

Jueves, Abril 20, 2006

## Tráfico

En vista de tan escaso éxito de la DGT en sus recomendaciones para evitar la escabechina de las carreteras voy yo a tomar las riendas de la situación a ver si a mí la gente me hace más caso.

Para empezar es imprescindible que el populacho no se vaya de fin de semana. En caso de circular es recomendable que la partida sea escalonada, es decir, salir el sábado noche e iniciar la vuelta el domingo por la mañana. No salgan todos de golpe, jolines. Hay un tablón en la DGT donde pueden poner un *post-it* con su hora de salida y ver la del resto de conductores para llegar a un acuerdo.

Los atascos en las entradas y salidas de Madrid se producen en

Collado Villalba. Solución: todo el mundo debe dejar aparcado su coche en la retención de Collado Villalba y seguir a pie hasta sus domicilios, con esta medida se facilitará la salida el siguiente fin de semana de una manera fluida, volviendo a pie a Collado Villalba para recoger el vehículo y dirigirse a los lugares de descanso.

Si viaja en un SEAT Ibiza con un equipo de música de 2.000 decibelios, no fume; está demostrado que fumar distrae, durante el tiempo que transcurre desde que el cigarro va de la oreja a la boca, el vehículo viaja sin control durante 70 centímetros.

El teléfono al volante es sumamente peligroso, si recibe una llamada mientras conduce NO COJA EL TELÉFONO, mande un SMS a su comunicante diciendo que está conduciendo.

Use el cinturón de seguridad mientras permanezca dentro de su automóvil, en caso de choque frontal quedará tetrapléjico pero no morirá.

Los agentes de tráfico están para ayudarle, si logra ver alguno durante su trayecto échele fotos y preséntelas al concurso "Mundo Insólito".
La carretera de Molina a la Torre Alta no sale en la sala de pantallas de la DGT, no pierda el tiempo viendo el telediario.

El binomio Alcohol – Carretera es muy peligroso, aunque sabemos que en la mayoría de estaciones de servicio sólo se pueden comprar bebidas alcohólicas, gominolas y poco más.

Descanse durante los viajes largos, si nota que tiene pinchazos en la nuca y el pie soldado al acelerador es síntoma inequívoco de que lleva más de veintidós horas al volante. Despierte, pare el coche y bájese. Unos ligeros ejercicios físicos ayudan a recuperar la aptitud. Desperezarse es suficiente, aquí no se trata de ir a las Olimpiadas.

No llegue hasta el máximo de velocidad que el Ministerio de Industria permite a los fabricantes de automóviles, la velocidad es la causa de gran parte de los accidentes.

Con la llegada del nuevo carné por puntos atropellar a un peatón ya no le saldrá gratis, perderá 2 puntos, si reincide y mata a diez peatones más perderá todo tu saldo y deberá volver a examinarse. Si vuelve a suspender le darán una tercera oportunidad matriculándose en un taller de moldeado de arcilla o plantando pinos para repoblar *resorts* en el Puerto de la Cadena.

No ponga mucha atención a las campañas de la DGT, y dígale a su director general: "Nosotros no podemos gobernar por ti".

Jueves, Abril 27, 2006

# El Planeta de los Simios

Ya debéis saber a estas horas que nuestro Senado anda metido en harina para sacar una Carta de Derechos Humanos para los simios influenciada por los trabajos del Gran Proyecto Simio (www.proyectogransimio.org/completa.htm)

Yo antes me reía de estas noticias pero ahora intento adaptarme con la máxima rapidez a estos proyectos estrambóticos porque la experiencia me dice que antes o después terminan aprobándose y cambiando nuestras vidas.

Por lo pronto, como se enteren en Kinshasa me temo que la noticia va a provocar un efecto llamada, y a la vuelta de unos años ya no será tan raro ver a un simio en la cola del *Mercadona*, con sus plátanos, su sopita de Bambú, y sus rodilleras (que se han puesto las aceras con tanto chicle pegado que ya no puede ir uno ni siquiera a cuatro patas).

Realmente quien lo va a pasar mal va a ser nuestra ministra de la vivienda cuando empiecen a llegarle las solicitudes de ayuda para mini jaulas de los simios y simias que buscan su primera vivienda.

Por otro lado el mundo laboral no será ajeno a los cambios profundos que se atisban en el horizonte, a modo de ejemplo, en la nueva sociedad paritaria ninguna simia podrá ganar menos salario que un simio y en los circos las autoridades velarán para que haya igual número de simios y simias vestidos de marinero.

Después de aguantar las canciones del verano de Georgie Dann y King África sin suicidios en masa podemos afirmar sin equivocarnos que la sociedad española es una comunidad preparada y madura para los retos del futuro. No obstante la Educación debe cumplir el papel homogeneizador que se le presupone y así en cada aula habrá, junto al alumnado, tres simios con sus domadores de apoyo, (imaginaos el diálogo en el recreo: "Oye Urko, cómete el plátano o si no hoy no hay árboles")

Como veis debe haber una Carta de Derechos Humanos para estos homínidos y de paso regalarle una a cada senador porque los hombres no paran de hacer el simio.

Miércoles, Mayo 03, 2006

## Impuestos

¡Ta-ta-channnnn! Damas y caballeros empezó la campaña del IRPF. Ayer vi en la tele una *cutrencuesta* con dos tíos que estaban contentos porque les devolvían dinerete (pausa valorativa...) Vamos a ver, mendrugos, ¿sabéis de verdad lo que significa que os devuelvan guita? Pues quiere decir que OS-HAN-MAN-GO-NEA-DO-DE-MÁS durante todo el año, es decir, no habéis podido tomaros la cerveza del sábado por la mañana porque os estaban guindando desde las altas instancias, de qué estabais contentos, melocotoncillos, ¿de tener doce jodidos fines de mes por ir dejándole propina al estado? Yo no entiendo nada, aquí hay gente que se alegra por pagar de más y otra que se queja de todo y no paga, porque parece deducirse de las campañas publicitarias que hay que alegrarse de que cada vez haya menos contribuyente pagando con la elevación del electoralista mínimo de renta. En la cultura del TODOGRATIS se tiene la creencia que esto de costear la verbena española no va con uno. Corren malos tiempos para la solidaridad estatal y en este sálvese-quien-pueda unos intentan ser más ricos para tener instrumentos de evasión fiscal y millones de conciudadanos intentan pasar por pobretones para percibir algo de maná con alguna bequilla para su nene o un descuentito en alguna cosa, porque al realmente pobre ya se sabe: “Al indigente, la legalidad vigente”. Lo que me indigna es cómo se puede fomentar la alegría del que no tiene obligación de presentar la declaración, o sea, ¿que aquí la gente está viviendo en un país puntero, con democracia, libertad, médico del seguro y derechos sociales y no va a tener la obligación de acercarse a la taquilla de hacienda a preguntar "*Quillo, se debe argo*" aunque sea para que te respondan: "*No pisha, tu na*"? Es lo menos que hay que hacer por educación si estamos viviendo en el mismo bloque. Y ya si los contribuyentes quieren marcar la cruz en la casilla de ayuda al sostenimiento de la Iglesia o de los clubes de fútbol de primera división que lo hagan, ¿o es que uno no va a poder pagar el país que quiere?

Jueves, Mayo 04, 2006

## Living in Petrolia (Ontario)

Petrolia is very different from what you see daily, constructions are a mixture of Victorian houses and shops, better, between tale houses and a skips of goods. The streets are empty during a great part of the day and the neighbors are very nice but they are in the habit of changing before your third visit. Canada is like that, a pure movement; it is said to me by Jill, who goes already for her fourth house in eight years: "Look Ful, Spain is nice but I cannot live so often in the same site ". Jill has an extraordinary sense of the humor, probably the only one thing that she does not want to change.

# La vida en Petrolia (Ontario)

Petrolia es muy diferente a lo que tu ves a diario, las construcciones son una mezcla de casas victorianas y tiendas, o mejor, entre casas de cuentos y contenedores de mercancías. Las calles están vacías durante gran parte del día y los vecinos son muy gentiles pero pueden mudarse antes de que tú le hagas la tercera visita. Canadá es así, puro movimiento, me lo dijo Jill, quien va ya por su cuarta vivienda en ocho años: "Mira Ful, España está bien pero yo no puedo vivir tanto tiempo en el mismo sitio". Jill tiene un magnífico sentido del humor, probablemente la única cosa que ella nunca cambiaría.

Sábado, Mayo 06, 2006

# *Pesambres* (pesadumbres)

El otro día me enfadé conmigo mismo, me dije: "Ful, esto no puede seguir así ni un minuto más, tienes que hacer algo." Pues bien, qué diréis que contesté. Nada. Sí, sorprendentemente nada, allí estuve cabizbajo deseando que cesara el aluvión de críticas, tuve que oír de todo, la mayoría de argumentos eran verdades a medias, parecía que me las estaba diciendo sólo para hacerme daño, que yo me conozco, son ya muchos años. Por un momento me dieron ganas de alzar la voz y decirme cuatro cosas pero me callé, no estaba el horno para bollos.

## Sorrows

Last day I got angry myself, I talked to myself: " Ful, you can not be still like this not even for one more minute, you have to do something " well, what will you say to that I answered, at all, yes, surprisingly not at all, there I was downcast wishing to stop the avalanche of critiques, I had to hear of everything, majority of argument were not whole truths it seemed that I was saying them to me only to hurt myself, I know myself very well, they are already many years together, for a moment I desired raising my voice and to say four things to me but I chose be quiet, it was not time for triflings.

Martes, Mayo 09, 2006

## El coche del futuro

Hay que ver lo que inventa el hombre, he visto en el telediario a un grupo de investigadores que habían desarrollado un prototipo de vehículo del futuro, una especie de supositorio con ruedas de carricoche que consumía un litro de gasoil cada mil kilómetros.

Siempre nos han dicho que no había nada nuevo bajo el sol y que a duras penas el ser humano podría progresar más de lo ya avanzado, nada más lejos de la realidad: hete aquí el automóvil que acabará con el efecto invernadero, con la polución y hasta con nuestra paciencia porque, veamos, en el bólido citado sólo cabe uno y además acostado, bien, pues tú me dirás de qué te vale a ti hacer mil kilómetros en la más absoluta soledad y sin poder bajar los cristales para sacar el codo.

Suponte que vas desde Patiño a Niza para comprobar si se gasta o no el litrico y nada más llegar te das cuenta que te has convertido en Tutankamon y sin forma de salir de allí, del berberecho ese con ruedas, del que te tiene que sacar la gendarmería a hostias porque te han pedido la licencia de conducir y claro, por falta de espacio la llevabas en el calcetín, y la mano sólo podía llegarte, como mucho, al filo de los calzoncillos, porque no os lo he dicho: hay que ir sin ropa, ya que de lo contrario, con el peso, se te dispara el consumo y te pasa a chupar litro y algo.

Llevo toda la tarde dándole vueltas y para llevar a mi familia de veraneo a Benidorm necesitaría cuatro viajes de ida y vuelta más cinco o seis para maletas, la bici de la cría, la hamaca, el acordeón, la *Termomix* y otros bultos. Total que sacando cuentas vendría a gastar veinte litros de gasoil y para eso me ahorro pasta y me voy en mi *Peugeot 307*, que gasta lo mismo pero al menos viajamos como las personas.

## Futuristic Car

It is necessary to see what the man invents, I have seen in the television news a group of investigators who had developed a prototype of vehicle of the future, a kind of suppository with wheels of kid covered wagon that was consuming a liter of gasoline every thousand kilometers.

It said that there was nothing new under the Sun and hardly the human being might progress more of the already advanced, nothing further from being true: herein lies the car that will finish with the greenhouse effect, with the pollution and with our patience too because let's see, in the mentioned greasy lightning racing car only fits oneself and besides lying down, well tell me if it's worth to do thousand kilometers in the most absolute loneliness and without being able to lower the crystals to get the elbow out.

Suppose that you go from Patiño to Nice to check if the little liter becomes run out or not and just arrived you realize that you have turned into Tutankamon and without way of going out of there, of such a cockle with wheels of which you are knocked extracted by the Gendarmerie because they have asked for the driving license and obviously cause no space inside you were taking it in the sock and the hand only could come to you as much to the edge of the underpants. Because it is clear, I did not say it before, it is necessary to go without clothes since otherwise with the weight the consumption goes off and it happens car absorbs liter and something.

I have been the full evening thinking about how to take my family on holidays to Benidorm, I would need four round-trips and another five or six trips more for suitcases for the bicycle of the baby, the hammock, the squeeze box, the Termomix and other bundles. In short, it would consume twenty liters of gasoline and for it I prefer saving cash and go away in my Peugeot 307, that consumes the same quantity but we go as real human beings.

Jueves, Mayo 11, 2006

## El Cóctel de las Bragas (que diría *Jezulín*)

L@ vicepresident@ del Gobierno de España y países satélites, Maria Teresa Fernández de la Vega, persona a quien admiro por su curre, organizó ayer un cóctel de bienvenida a la Presidenta de Chile Michelle Bachelet por la igualdad de la mujer en la sociedad

y para ello invitó a la flor y *nota* de todo el país: Esperanza Aguirre, Agatha Ruiz de la Prada, Ana Rosa Quintana y otras hembras pintorescas más las altos cargos (altas cargas) ministeriales, con la única condición de ser mujer, bueno, eso lo supimos después cuando no nos permitieron la entrada a mi amigo Jossuex y a mí.

Ya cuando entramos al Palacio del Pardo empezamos a sospechar que algo raro estaba ocurriendo, ver la réplica del cuadro de la Rendición de Breda con aquellos hombretones repintados de mujer con sus mechas de rubio y sus labios pintados de frambuesa nº 2 nos puso sobre aviso. Una amable guardi@ civil nos invitó a esperar en el patio central mientras hacía las consultas, en aquel entorno decorado a semejanza del Patio de los Leones de La Alhambra. Jossuex me susurró "Oye Ful, ¿no ves nada raro aquí?" yo le respondí "¿Me tomas por tonto, es que crees que no me he dado cuenta que alguien le ha pintado chocho a l@s leon@s?".

Al rato salió una conserje con cara de circunstancias y nos dijo que aquello era sólo para mujeres. De nada valió que le recordara que aquel acto era una recepción de los representantes de los españoles y españolas a la presidenta de los chilenos y las chilenas, alterada entonces nos gritó "¡¡¡¡ Señores, esto es un cóctel por la igualdad de la mujer, iros a la puta calle, machos ibéricos (como los lomos) discriminadores de mierda!!!!" (Yo pensando: "Con lo bien que nos han tratado siempre en los países árabes, sólo hombres en la fiesta, ni una sola mujer.") Jossuex, como es tan conciliador, medió en la discusión: "Mire señora, nos vamos a la calle pero no nos haría el favor, ya que pagamos impuestos con derecho a consumición, de sacarnos a la puerta unos panchitos y un par de *Fantitas*?"

## The Pants Cocktail
## (as a famous bullfighter would say)

The Deputy Chairwoman of Spain Government and its satellite states, María Teresa Fernández de la Vega, who I admire her work capacity, organized yesterday a welcome cocktail in honor of Chile President Michelle Bachelet and genres egalitarianism in our society and for that it was invited the crème de la crindge of the country: Esperanza Aguirre, Agatha Ruiz de la Prada, Ana Rosa Quintana and others colourful females of our society, besides of, high-ranked women officials includes (*costfficials*) on condition of being a woman, well, we knew that later, when neither my friend Jossuex nor me were not allowed to enter.

When we went in Pardo Palace we suspected something strange was happening inside, to see a replica of picture “La Rendición de Breda” with those well-built guys repainted as a woman with their hairs blonde colored and lips raspberry number two was a signal. A kind policewoman invited us to wait in the central courtyard meanwhile she consulted, in that place, decorated Alhambra Lions Courtyard style Jossuex whispered me “Hey Ful, can you see anything odd here?” I answered “Do you believe I am a smart ass? Do you think I did not see beavers painted in male lions?”

To the moment a woman porter went out with face of circumstances and said to us that event was only for women, it was useless mind her that act was a reception of the representatives of the Spanish men and Spanish women to the chairwoman of the Chilean men and Chilean women, agitated at the time she shouted us " gentlemen, this is a cocktail for the equality of the woman, go out to the fuck street, Iberian males (as the Iberian typical loins) discriminators of shit!!!! " (I was thinking how well we were treated in the Arabic countries, only men in the party, no woman) Jossuex since as a conciliator man he is treated to mediate in arguing " Listen to me lady, we are going away to the street but would not you do the favour, since we pay taxes with rights to eat and drink, to serve outdoor a few peanuts and a couple of Fanta bottles?”

Sábado, Mayo 13, 2006

# Martínez Pujalte

Guardad la sonrisa porque este artículo es serio. Martínez Pujalte, diputado por Murcia en el Congreso de los Diputados ha tenido el vergonzoso honor de ser el primer padre de la patria expulsado del Parlamento con mofa para su presidente, que en el fondo somos tú y yo. Hay dos cosas que me molestan de la vida política española: la primera, que sus señorías no asistan a los debates que nos van a afectar (el BOE es el único periódico en donde las noticias se cumplen siempre) y la segunda, que los diputados hagan el bobo. La política tiene que dignificarse, los que se dedican a ella deben tener el reconocimiento público de quien se dedica a los demás, porque si todo el mundo aplaude a las ONG, con más motivo una sociedad sana debería estar orgullosa de sus OG, organizaciones gubernamentales, porque ellas tienen que ser las depositarias del coraje cívico de la sociedad libre para hacer un mundo más habitable. Es nuestra obligación saber separar el grano de la paja, a los políticos de los *martinezpujaltes*.

## Martínez Pujalte

Save your smile because this is a serious post. Martínez Pujalte, a Member of Spanish Congress representing Murcia has had the disgraceful honor of being the first esteemed leader expelled of the Parliament in a mocking tone of his Speaker, who lately represent you and me. There are two things disturbing me in Spanish politic life: the absence of MP´s in their chairs when debates can affect all of us (BOE, Boletín Oficial del Estado, is the just one newspaper where news always became true) and the second one is MP´s clowning around. Politic must be dignified, people who work in it must be publicly recognized since they are fighting in favour of the rest because if all people thank NGO there are more reasons to do the same with GO, Governmental Organizations, they must be the receiver of civic courage in a free society to do a more habitable world. Is our duty to separate the wheat from the chaff, politicians from the *martinezpujaltes*

Domingo, Mayo 14, 2006

## Los Abrefáciles

No soporto los abrefáciles. Estábamos nosotros tan a gustito con nuestros envases y tuvo que venir algún empresario sin escrúpulos a imponernos este sistema tan pernicioso que se ha convertido ya en la primera causa de depresión en el hogar, sólo superada por la tenencia de recuerdos de primera comunión encima del mueble-bar. Todo empezó con las latas de anchoas y las quejas de cuatro desmanotados a los que se les salía la llave aquella en la tercera vuelta y ahora por culpa de aquellos manazas tenemos que pagar todos, con el trabajo que les hubiera costado meter un palillo e ir sacando las anchoas una a una por el boquete... pues no, a denunciar, ale, y ahora tabla rasa, todo con abrefácil, a joderse tocan.

El gustico que da cuando vienes *asao* de calor y coges tu bote de refresco de cola (no quiero hacer publicidad de marcas, pero para entendernos: una Coca-Cola), levantas la anilla y “schask”, se partió el invento; qué hacer, pues lo socorrido en estos casos, coger la llave del buzón y golpearla sobre el bote con el culo de la botella de licor de las Casas Colgadas de Cuenca, la única que no se rompe pase lo que pase. (Yo tengo prohibido a mi familia que me traiga recuerdos en viajes de menos de dos días).

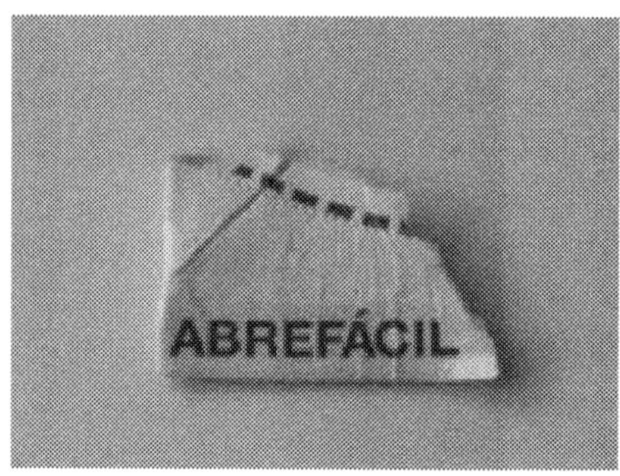


Con el cartón de leche ni miro siquiera el esquema del fabricante, tijeritas del pescado y un tajo. Antes lo hacía, buscaba la línea de puntos y no sé si es que soy gafe o torpe pero no estaban todos taladrados, consecuencia: bayeta y fregona. A saber cuantos pulgares se han malogrado con la rayita de abrefáciles.

Los paquetes de embutidos merecen ya en sí un artículo íntegro. Yo no sé cómo el gobierno no interviene aquí, cómo es posible que detrás de las letras en grande "ABRIR POR LA ESQUINA" te encuentres un plastiquito semiabierto por donde apenas si te cabe una uña, y encima como tengas la desgracia de haberte lavado las manos antes y las tengas un poco húmedas te pasa igual como con las bolsitas de champú de los hoteles, terminas explotándolas a pisotones.

El café es una desvergüenza, el envase te pone: "con abrefácil" y ya está, a investigar. Con los años me he dado cuenta, por si os sirve a vosotros, que hay una ranurita que viene a caer a un dedo más o menos a la izquierda de la cabeza del burro de Juan Valdez, excepto si es un paquete de *Bonka*, en ese caso tu gozo en un pozo, te aconsejo que lo apuñales por donde se te ocurra.

## Easy-Open Packs

I can not bear easy-open packs, we were so well with our packages and a no scruples businessman had to come to impose on us this system so pernicious that has turned already into the first reason of depression into the home, only overcome by possession of First Communion souvenirs showed on drinks cabinet. Everything began with the tins of anchovies and the complaints of a bunch of clumsy oafs who lost the opener key in the third return and now because the fault of those awkward persons everybody has to pay the consequences, was it so difficult to extract each anchovy one by one with a toothpick...? Nothing at all, better to complain so, wiping the slate clean, everything with easy-open system, we will to grin and bear.

The pleasure you get when you arrive home full of heat and catch a can of cola drink (I want not write a mark but let's understand: one Coca-Cola), you raise the ring and "sshack", the invention was suddenly broken; what to do, the more frequent is to use the mail box key and kick it with the bottom of Niagara Liquor souvenir bottle, the just one never breaks it happen whatever happens (I do not allow my family to bring me a souvenir in less than two days trips).

In case of milk tetra-brick I don't even read producer instructions, fish scissors and a big cut. I did it before, searched the hole line but I do not know if I am a jinx or a stubbornly but there were not all well punched, the consequences: cloth and mop.

Cold meat packs do deserve a post. I do not know how Government do not act, how is it possible that behind the pack written in capital letters "TO OPEN IN THE CORNER" you find a little plastic tab semi opened where scarcely fit your nail and besides and not only that, if you have the misfortune of having just washed hands and wet it happens as little packs of shampoo at hotels, you end exploding them with your foot.

Coffee packets are a quite disgrace, you can read in package:" with easy-open" and that is all, to investigating. Whit the years I have realized, if it is a help for you, there is a little split more or less in a couple of inches to the left of the head of Juan Valdez's donkey, except if it is the packet of Bonka Coffee , in this case carve it up, no thinking.

Martes, Mayo 16, 2006

## El Alpinismo

El Alpinismo es básicamente un deporte que consiste en comprar 500 kilos de material subir a la punta de una montaña, mirar para abajo y exclamar embargados por el misticismo. "Qué pequeño es el ser humano". A mi modo de ver no hace falta invertir tanto para llegar a esta conclusión, de hecho yo cuando llego a la montaña y me bajo del coche mirando a las cumbres, lo primero que digo es "Qué pequeños son los alpinistas".

Claro, tú los ves allí colgados como marionetas pegados a una pared de granito y no te explicas cómo pueden decir luego que les gusta contemplar la montaña, si ahí tan pegaditos no podrán ver nada, digo yo. Ahora, conversando con ellos te hablan de la importancia *de no perder el contacto con la diosa roca, de llegar a los orígenes*... en eso llevan razón, perder el contacto con una pared es la manera más rápida de llegar a los orígenes, el suelo.

La alimentación tiene su guasa, cómo va a ser lo mismo comerse un arroz y conejo en El Valle, con su vino y su *Casera,* que allá arriba con esas latas que no cabe de nada y venga a comer frutos secos, así están ellos de delgados que pueden meter la punta de los pies en cualquier sitio para auparse, no yo, que no me caben los pies ni en los calcetines.

En el fondo yo creo que tengo envidia, si yo fuera montañero me moriría ya en el campo base. Un servidor se cansa ya subiendo los escalones del autobús, sin embargo admiro al hombre que, dejándolo todo es capaz de ponerse una mochila al hombro, asir su bastón y empezar el osado camino hacia la cumbre, aunque una cosa no quita otra y lo elegante sería echarle una mano a los porteadores, cargados como burros con su hamaca, la tienda, los sacos, las zapatillas de estar por la tienda, el "Hola",... Que tienen que echar los Serpas tres o cuatro viajes al Everest para que encima a las criaturas no les dejen salir en la foto sólo porque vayan vestidos con una camiseta de los *Angeles Lakers* y unas chanclitas de playa. Qué cosas más feas se ven, eso no es de ser colegas ni de ser nada.

# Mountain-Climbing

The Mountain-climbing is basically a sport that consists of buying 500 kilos of material of rising to the top of a mountain, of looking down and overwhelmed by mysticism: “What a small is the human being”, in my way of thinking it is not necessary to invest so much money to come to this conclusion, in fact when I arrive to the mountain and get out my car watching peeks the first thing I say is: “What small are the mountain-climbers”. Of course you see them there hung as marionettes against the wall of granite and do not explain yourself how can they say to like watching the mountain, if there so glued will not be able to see anything, already chatting with them they speak to you about importance of not losing the contact with the goddess rock, coming to the origins... they are right, to lose the contact with the wall is the most rapid way of coming to the origins, to smash in the floor.

Diet is a jest, it can not the same to eat a hot dog with ketchup and onion rings than those tiny tins where it do not fit anything inside and all is a non stop of dried fruits eating, that is why they have these bodies and can to put the top of the feet in any hole to be helped up and not like me I can not even fit the socks in my feet.
In the bottom I believe that I have envy, If I was a mountaineer I would die already in the level one field base, I get tired already raising the steps of the bus, however I admire the man who leaving all is able to put on a rucksack on his shoulders, to catch a

cane and start his dared way towards the summit, in the other hand, the elegancy would be to help carriers, loaded as donkeys his hammock, tent, sacks, slipper to walk inside tent, PS-one, “Hello” tabloid, which have to do three or four trips to the Everest and then they are not allowed appear in the photo only because they are dressed with a t-shirt of Angeles Lakers and a worn-out old shoes, what an unpleasant things!

Jueves, Mayo 18, 2006

# A propósito de Bertolt

El otro día me quejaba yo del escándalo que suponía un caso de detención ilegal por motivaciones políticas en una democracia, según consta en sentencia judicial. Resultó que los ciudadanos detenidos eran afiliados al PP, y la ignorante clase dirigente, los analfabetos funcionales en la asignatura de vivir en sociedad que calientan el cuero de los escaños del Parlamento nacional creyeron que los que acusábamos debíamos de ser del "facherío" (Bono dixit). Algo así como los G***urkas*** políticos de la civilización del ***buenísmo*** populista dominante, parecíamos ser de las columnas anti-zapateras entrando en Madrid. Mirad, niñatos con corbata, el Estado de Derecho es una cosa muy seria. Los ***requeteprogresistas*** de IU no han condenado aún semejante barbaridad y fíjate tú lo que son las cosas, me llega una noticia de esta tarde que informa sobre la detención de dos jóvenes de IU por mostrar una bandera republicana al paso de los Príncipes de España. Ni qué decir tiene que el grupo político ya ha pedido explicaciones, COMO NO PODÍA SER DE OTRA MANERA, yo estoy con ellos, estas cosas no son ninguna broma, nadie puede ser detenido en una sociedad avanzada por protestar. No está de más que repasaran lo que decía la izquierda durante los años negros de la pesadilla nazi en forma de poema atribuido erróneamente al autor comunista Bertolt Brecht:

*"Primero cogieron a los comunistas, y yo no dije nada por que yo no era un comunista.*

*Luego se llevaron a los judíos, y no dije nada porque yo no era un judío.*

*Luego vinieron por los obreros, y no dije nada porque no era ni obrero ni sindicalista.*

*Luego se metieron con los católicos, y no dije nada porque yo era protestante.*

*Y cuando finalmente vinieron por mí, no quedaba nadie para protestar".*

**Martin Niemoeller**

(Víctima del Nazismo)

## Speaking Of Bertolt

Days ago I was complaining about the scandal of illegal arrest by political causes in a democracy as sentence says. It happened detainees were members of right-wing Popular Party, and the ignorant ruling classes, the functional illiteracy in *society living* subject heating the seats in National Parliament believed that people denouncing should belong to "facherío" (pejorative word for extreme right-wing supporters told by Bono, resigned Defence Minister), more or less as the politic Gurkas of this Civilization and the actual populist Goodism, we were like anti-Zapatero columns walking to Madrid. Look at tied-big-kids, Democracy is something very serious. The fussing-progresism of United Left party has not condemned yet such a madness but situations are amazing sometimes, I just heard this evening a news about arresting a couple belonging to United Left (IU) meanwhile they were showing a Republican illegal flag during the Spain Prince visit, their political group have asked the government about that incident, OBVIOUSLY I AM ON THEIR SIDES, it is logical, this is not a kind of joking matter, nobody can be detainee in a demonstration in a modern society, it is not a spare review what left-wings were telling us during the nightmare years of Nazism in the poem assigned to Bertolt Brecht:

*First they came for the communists, and I did not speak out--*
*because I was not a communist;*
*Then they came for the socialists, and I did not speak out--*
*because I was not a socialist;*
*Then they came for the trade unionists, and I did not speak out--*
*because I was not a trade unionist;*
*Then they came for the Jews, and I did not speak out-- because I*
*was not a Jew;*
*And when they came for me-- there was no one left to speak out*
*for me.*

**Martin Niemoeller's**

(A victim of Nazism)

Martes, Mayo 23, 2006

# Bufés libres

Soy partidario de que los bufés no sean libres para los españoles. Cuando aparece el sintagma "a gogó", en nuestro interior se desgaja la bestia irreflexiva que llevamos dentro. Estas cosas están bien para los extranjeros, acostumbrados a planificar energéticamente sus comidas con un desayuno fuerte, un almuerzo ligero y para cenar: un té con *cookies*, pero los transpirenaicos no estamos habituados a semejante ritmo de vida, nos encontramos inermes ante los bufés libres y en cualquier fin de semana para dos personas todo incluido desayunamos como alemanes, comemos como manchegos y cenamos como vikingos, que con la *morra*[9] que da después está uno más para acostarse de nuevo que para echar a andar a ver monumentos.

Con el desayuno empezamos ya a hacer el celtibérico bien temprano, ¿cómo puede ser que el español medio, habituado a tomarse un *carajillo*[10] antes de ir al trabajo pase de repente a desorbitar su ingesta calórica matutina sólo porque le hayan

---

[9] En Murcia: Modorra
[10] Café con coñac

cobrado cien duros de antemano? ¿Nos da derecho eso a convertirnos en indignas carcomas humanas?

Pues parece que sí, resulta chocante ver a toda esa tribu de zombies en fila india acaparando zumo de maracuyá, un par de cafés con *Crispis de Kellogg´s,* dos huevos cocidos, *bacon*, (¡joder, *bacon*, por Dios!), cuatro rebanadas de pan integral de siete cereales, cruasán de mermelada de frutas del bosque con mantequilla y un *tegüi*[11] por la mañana temprano, a quien como mucho lleva todo el año bebiendo nada más que un vaso de agua en ayunas y fumándose un Ducados recién levantado, como dice la leyenda, para facilitar el tránsito intestinal.

## Free Buffets

I am not in favour of free buffets for Spaniards, when the word “galore” appears, in our interior breaks off the unthinking beast that we take inside. These things are nice for the foreigners, accustomed to planning energetically their meals with a strong breakfast and a light lunch then a cup of tea with cookies in the evening but the transpyreneers are not used to such life style and so we are unarmed before the free buffets and in any two people weekend all inclusive we have breakfast as Germans, lunch as natives of La Mancha and dinner like Vikings, with the later sleepiness oneself prefers to go to bed than going sightseeing.

---

[11] Té con Güisqui

With the breakfast we start already behaving as *Celtiberians* early in the mornings, How can it be that the average Spanish accustomed to a black coffee with brandy taking before going to work raise suddenly the caloric morning ingestion only because they have been charged with six bucks in advance? Does right give it to turn into unworthy human wood-worms?

Well it seems to be so, it results shocking to see all that kind of zombies tribe forming a line hoarding passion fruit juice, a couple cups of coffee with Kellogg's, two boiled eggs, bacon, (oh my fuck God: bacon!), four slides of seven cereals whole bread, croissant of exotic marmalade and a tea with whisky early in the morning when they have been full year drinking just a glass of water with a *Ducados* cigarette after waking up (because it is said to be good for intestinal transit, in other words: to shit).

Sábado, Mayo 27, 2006

## Contenedor lila que a los tontos espabila

*(A Dudín In Memoriam)*

Hubo un tiempo en el que el español vivía *asalvajado* sin tener conciencia del reciclaje, no cabía en su cabeza la necesidad de depositar la basura debidamente separada en contenedores diferenciados. El pobrecito iba con su bolsa de tela para el pan con la palabra bordada "pan" cuando iba a comprar el pan y también gustaba llevar una botella vacía de leche grabada con la palabra "leche" cuando tenía que comprar leche. Era tan anacrónico que jamás se le hubiera pasado por la cabeza pedir manojos de bolsas de plástico en el Mercadona llevando su capaza, ni *packs* con envases de cristal NO retornables sin posibilidad de rascar unos *durillos* al tendero por el casco. En las bodegas llenaba su garrafa de tinto bien fregadita porque entonces no se conocían los tetrabricks de *Don Simón* (pronúnciese: *saimon*) y si se le pinchaba una rueda con un parche se solucionaba el apuro sin comprar la rueda entera *tubeless* . Los relojes de pulsera eran de péndulo y no necesitaban pila de níquel-cadmio, os juro que la gente sabía la hora que era. La cuchilla de afeitar te duraba media edad adulta sin necesidad de quitar y poner cabezales desechables. Una maceta de albahaca en la ventana podía sustituir a cuarenta tabletas *fogo-electric* antimosquitos.

En el bar te servían las hamburguesa en un plato que luego fregaban, eso sí, no quedaba tan bonito como encontrar el filete entre cartonajes rodeado de plásticos llenos de *Ketchup y big vasos con Coca-cola* de un solo uso. Para concienciar a los niños sobre el medio ambiente no hacía falta trípticos, globos con arbolitos, gorras de cartón, ni pegatinas, bastaba explicarlo en una pizarra de las de tiza.

Los tiempos avanzan y ahora lo *megaguay* es separar. La *Bio-religión* predica convertir las aceras en filas de gigantescas vagonetas multicolores en donde depositar separados la multitud de desechos *superprácticos* encontrando un *tren de la bruja* en cada calle, para que con nuestro pequeño sacrificio diario ayudemos al pobre contratista a no tener que meter obreros en su planta de reciclado, como era habitual, a reducir costes empresariales sin descuento en nuestro recibo de basura, colocando recipientes grandes y cada vez más grandes convertidos ya en las genuinas esculturas urbanas de nuestro tiempo "Oiga, por favor ¿la plaza de Santa Catalina? – Ah, sí, ahí ... detrás de los contenedores".

# Containers For Smarts Ass Recyclers

*(To Dudin in memoriam)*

Once upon a time Spaniards had a wild life, no conscious of recycling, it was unthinkable the utility of placing garbage correctly separated in suitable containers the poor man carried a rag bag embroidered with the word "bread" when he was going to buy some bread and he also used to take a empty bottle marked with word "milk" when he used to buy some milk. He was so old-fashioned that never would have asked a bunch of free bags in mall having his own basket or no returned glass packs if he could barely get spare coins turning the empty bottles back. In wine shop he filled his demijohn very well washed because it was not known *Don Simon Tetra bricks* (pronounced with foreign accent) and if you had a puncture it was not necessary to buy the whole tubeless wheel, just a patch was enough. Wristwatches needed a pendulum mechanism and not nickel-cadmium battery, I swear people know what the time was. Razor blade used to last medium adult age and was not necessary to remove disposable razors. A basil pot under his window could substitute forty electric tablets against bugs.

In the bar, your hamburger was served on a plate and it was washed later, however, it was not so nice than finding the meat slice among cardboards surrounded with plastic bags filled of *ketchup* and big *Coke* disposable glasses . To arouse the children on the environment it was not necessary to have three-page leaflets, balloons decorated with little trees, neither caps of cardboard, nor stickers, was enough to explain it in a blackboard with a chalk.

The times progress and now the *megacool* fashion is separating. The Bio-religion preaches to turn the sidewalks into rows of gigantic coloured trucks where to deposit well separated a lot of *superpractical* tailing finding a carousel train in every street, so with our small daily sacrifice we help the poor contractor not to have to put workers in his recycling plant as usual to reducing managerial costs without discount in our receipt or garbage, placing big containers turned already into the genuine urban sculptures of our time "Excuse me, Do you know where Santa Catalina square is? –Of course I do, there... behind the containers".

Jueves, Junio 01, 2006

## Más papistas que el papo

Si la palabra Papa está asociada con bonhomía y paz interior, el *papo* esta relacionado con todo lo contrario. La prueba de que la vagina es algo diabólico radica en la existencia de todos los vocablos con los que ha sido nominada: *chichi, flor, conejo, seta, almeja, coño, coñico, breva, triangulillo* y un sinfín de nombres más, la mayoría de términos los recojo de mi amigo Ernest, un gran tipo, un escatólogo convencido. Esta palabra evapora en un momento la dignidad de medio género humano. Así digo "ven aquí seta" y viene una señora algo perezosa, digo "¡Coge al crío chocho!" y aparece tu compañera sentimental un tanto*, pará o dejá. Coñico* es tu prometida antes de convertirse con los años en chocho. Flor en cambio se presta a la ambivalencia, te oyen decir "Hola flor" y la persona aludida se siente gozosa del trato tan cercano cuando en realidad tú lo que querías decir era: *"hola tontacapulla, que desoficiada estás que te encuentro por todos los sitios con esa cara bobalicona que asusta"*.

Todo esto viene a cuento de la secuencia de video[12] que circula por Internet con Letizia enseñando el *búlgaro* al respetable en plan Marylin Monroe cutre. Ya sabéis el típico chiste que se suele soltar para enzarzarse entre ambos sexos -¿Sabéis que es una mujer? –¡Noooo, noooo! –pues una mujer es la parte inservible de una vagina, a lo que contestan las aludidas con otra zafiedad similar hacia los varones. Desgraciadamente el anacronismo monárquico relega a la mujer desde el punto de vista legal al oficio de procreadora garante de la continuidad de la dinastía, ya me gustaría a mí que no fuera así. Sea como fuere una brisa azarosa nos dejó ver las bragas de Leticia, casi enseñándonos la parte más útil de una princesa: su *papo.*

## Funny Fanny

As the same way "Funny" is associated with something positive, the word "Fanny" is related to negative things, proof that the vagina as something evil is the existence of many words that it has been named: *pussy, cunt, jerk, hole, clam beaver snatch, twat, snapper, wee wee, crotch, bush* and a endless number of names, most of the terms I got from my friend Ernest, a real scatologer, a very good chump. This word evaporates in a moment the dignity

12 http://youtube.com/watch?v=zo1_c_60X28&search=princesa%20letizia%20ortiz%20bragas

of half mankind, so if I say "Come here, beaver!" and a slightly lazy comes, I say "Catch the kid, cunt!" and your partner appears rather easygoing. Little jerk is your fiancé before turning with the years into cunt. On the other hand, pussy is ambivalent, you say "Hello pussy" and the alluded person feels joyful of such a close treatment when actually you wanted to mean: " *Hello nitwit what a doing nothing girl you are that I find you everywhere with this kind of scared silly face*".

All that comes to story of a video clip[12] running on internet with Letizia of Spain showing her panties to respectable in a freak Marilyn Monroe style. Surely you know the typical fighting men vs. women joke: - Do you know what a woman is? – I have no idea – A woman is the useless part of a vagina and females answer with another similar rude joke towards the males. Unfortunately the monarchic anachronism relegates the woman from the legal point of view to just a mother of future king guarantor of the continuity of the dynasty, I would like better that it was not so Anyway the breeze allowed us to see Leticia's panties, almost showing the most useful part of a princess: *the muff.*

Viernes, Junio 02, 2006

## Justice and Peace

Before taking a mimetic politic party position relative to negotiation with ETA(BASQUE REVOLUTIONARY ARMY) ,we should arrange the values:

JUSTICE and PEACE

What do you prefer?
-A society in peace without justice (for instance: the Mafia) or
-A fairness society even without peace (example: western democracies)
If you do not know, better do not answer.

# Justicia Y Paz

Antes de tomar posición mimética por un partido en lo referente a la negociación con ETA, ordena los valores:

JUSTICIA y PAZ

¿Prefieres una sociedad en paz pero injusta (ejemplo: la Mafia) o una sociedad que busca la justicia aun sin paz? (Ejemplo: democracias occidentales)
Si no sabes, mejor no contestes.

Martes, Junio 06, 2006

# Las oposiciones de Olga

Le prometí a mi amiga Olga que por dos semanas estaba dispuesto a hacerme católico para pedirle a Dios que le aprobara el examen a la pobre criatura.

Y lo prometido es deuda, ayer mismo fui a verle, me dirigí a la Catedral y pregunté por Él pero todo el mundo me decía que, a decir verdad, nunca lo habían visto. De pronto recordé de mis años de monaguillo los lugares más propicios para un encuentro, y efectivamente tuve éxito: me lo crucé cuando salía por el arco de la subida a la torre cuando Él estaba yendo a almorzar; me dió un poco de miedo pero al ver mi cara dijo "No temas" –Pues mira tú, aparente para el caso, precisamente de temas y temario venía a hablarte, resulta que... - me interrumpió: "Entiendo, vienes a hablarme de tu amiga Olga" –Sí, exacto –La conozco, el año pasado vino a rezar por aquí pero yo no estaba, se ocupaba de todo el Espíritu Santo, por entonces hacía el turno de mañana, cuando me pasó el recado ya se la habían *cepillado*.

-Sí, comprendo

-Mira, vamos a hacer una cosa, dile que venga mañana, que estoy de tarde y que me ponga una vela, pero que no tarde mucho que a las nueve y pico salgo para el Cielo que me voy de *finde*.

## Olga, The Candidate

I promised my friend Olga I would be a Catholic for two weeks in order to ask God for the poor creature passed her exam. And a promise is a debt, yesterday I went to visit him, went to the Cathedral and asked for Him but people was told me that in truth, they had never seen it. Suddenly I remembered being an acolyte when I knew the most propitious places for a meeting, and really I was successful: I met when He went out throughout the arch of raising to the tower when He was going to have a bite; I was afraid but on having seen my face He said " Do not be afraid of passing by"

– Oh, exactly, about "passing" I was coming to speak to You, it happens ...

- Yes, exact.

- I know her, last year came to pray hereabouts but I was not, Holy Spirit was, which was doing the shift of tomorrow until August, when the message was given to me already she had already flunked.

-Yes, I understand.

- Look, say to her to come tomorrow, that I am in the evening shift and to light a candle, and tell her not to be late because around nine o'clock I am leaving to Heaven as a weekender.

Martes, Junio 13, 2006

## Mi primera entrevista a mí mismo

Recojo para todos mis lectores la entrevista que me hice a mí mismo rompiendo años de silencio. No ha sido una entrevista fácil, anduve buscándome durante mucho tiempo para concertar una cita cuyo resultado podéis leer más abajo. Me encontré acostado en el sofá leyendo el segundo tomo de las instrucciones de la Termomix y me reconocí enseguida, presentaba un carácter huraño, igual que yo, en eso coincidimos.

Ful-¿Eres consciente de que esta entrevista puede levantar muchas bambollas?
*Yo- A mí, de bambolla lo que más me preocupa es su rima fácil.*

F-Dime tu número de la suerte.
*Y-No creo en el poder de los números, es algo que no me entra en la cabeza, cómo la gente tiene fe en esas cosas, pero contestando a tu pregunta: el 7, soy fanático del siete, y todo lo que lleve un siete,* Siete novias para doce hermanos, Blancanieves y los ocho enanitos, Los seis jinetes de la Apocalipsis, las dos carabelas de Colón, Siete-me en tu corazón, *en definitiva, el 7 me produce vibraciones.*

F -¿Un color?
*Y -El beige pero como no sé como se escribe me decanto por el Berde.*

F -¿Una fruta?
*Y -El melón de agua.*

F -¿Sandía dices?
*Y -Sí, lo digo, pon sandía también.*

F -¿Qué te llevarías a una isla desierta?
*Y -Una mujer hermosa.*

F -¿Penélope Cruz por ejemplo?
*Y -No, he dicho hermosa, 110 kilos o así, por ejemplo Rosa de Eurovisión.*

F -Viniendo de una familia tan humilde ¿imaginaste alguna vez que terminarías siendo pobre?
*Y -Sinceramente no, en fin, la vida da muchas vueltas.*

F -Si volvieras a nacer ahora mismo qué serías.
*Y -Probablemente un bebé.*

F -Defínete en dos palabras.
*Y –No sé.*

F -¿Qué querrías decirle a todos los que te rodean en estos momentos difíciles?
*Y -Que confíen siempre en mí y no disparen, salgo ahora* ahora mismo *con las manos en alto.*

F -Muchas gracias, espero que te haya gustado la entrevista.
*Y -Por supuesto, yo no la hubiera hecho mejor, adiós.*

(F -¿Me devuelves la cartera que te he visto?
Y -Sí, claro.)

# My First Interview To Myself

I have published for all my readers the interview that I did myself breaking years of silence. It has not been an easy interview, I was pursuing myself for a long time to arrange an appointment whose result you can read further down. I found me on the sofa reading the second volume of Termomix kitchen robot instructions book and I recognized me immediately, presented a shy character, the same as I, in that we coincide each other.

Ful -¿Are you conscious this interview could be a shock?
*Myself - What concern me about word "shock" is easy rhyme with "cock".*

F -Tell me a lucky number
*M -I do not believe in the power of numbers, is something that I do not understand as people have faith in those kind of things, but answering to your question: the 7, I am fanatic of the seven, and everything that carry a seven, Seven girlfriends for Seven Brothers, Snowhite and the Seven Dwarfs, The Seven Riders of the Apocalypse, the seven caravels of Christopher Columbus, Saven me in your heart, in sum, the 7 produces me vibrations.*

F -¿A color?

*M -the beige but as I do not know like is written I prefer the Grin.*

F -¿A fruit?
*M -Melon of water.*

F -¿Watermelon you say?
*M -Yes, I'll tell it too, put watermelon also.*

F -¿What would you carry to a deserted island?
*M -A spectacular woman.*

F -¿Penélope Cruz for example?
*M-No, I just said spectacular, 110 kilograms or something like that, for example Kirstie Alley.*

F -Coming from a so humble family ¿Did you imagined some time you would reach poverty?
*M -Sincerely not, as you see life is changing.*

F -If you were born again, right now, what would you be?
*M -Probably a baby.*

F -Define yourself in two words.
*M -No idea.*

F -¿What would you want say people surrounding you in these

difficult moments?
*M -That trust always in me and they do not shoot me, I am going out with hands up.*

F -Thank you very much indeed, I expect you liked the interview.
*M - Of course, I would not have done better, good bye.*

(F -Would you mind back my wallet that I catched you?
*M -Yes, of course.)*

Lunes, Junio 19, 2006

## "Nunca" eran sólo nueve años

"Estos son mis principios, si no les gustan, tengo otros", decía Groucho Marx. Algo debe de ir mal cuando las bromas se convierten en hechos reales. Hoy se juzga a los camaradas de la SS vasca que arrodillaron a Miguel Ángel Blanco con las manos atadas a la espalda y quizás por no poder aguantar su mirada o para no manchar sus tejanos, le descerrajaron dos tiros en el cráneo por detrás. Esa fue la gota que colmó el vaso y también las dos balas que acabaron con ETA lentamente. España se movilizó en la estampa más bonita que puede lucir una sociedad, la foto de una ciudadanía callada pero no muda. Nos decían, y tenían razón, que debíamos aguantar porque esa batalla la ganaríamos y que el Estado jamás cedería al chantaje, ¡cuantas veces oímos la misma arenga! Fueron millones de personas en la calle sacando a los políticos de sus despachos para empujarles delante de la pancarta. Y hubiera sido coherente que entonces hubieran dicho lo que dicen en la actualidad aunque sinceramente no sé cuando nos mentían, si entonces o ahora. Está de moda decir que el Estado debe ser generoso con el terrorismo, los *buenistas* olvidan que los estados civilizados lo son *per se*, no aplican la pena de muerte ni torturan a los autores de crímenes horrendos, es más, les dan de comer, cotizan por ellos y hasta les quitan años de condena si hacen un taller de cestas de mimbre. Pero el Estado con quien debe ser generoso es con sus administrados y darles la justicia que piden, porque esa es la deuda que tiene con ellos a cambio de pedirles que no se tomen la justicia por su mano. Han pasado nueve años, muchos se han ido de la manifestación, la misma en la que otros seguimos estando, posiblemente confundiendo la progresía con la novedad, pero el terrorismo es profundamente conservador, y si no, miradles las caras, no han cambiado, siguen siendo ordeñadores de sangre.

# "Never" Meant Just Nine Years

“These are my principles, if you do not like them, I have others ", Groucho Marx said; something must go bad when the jokes turn into realities.

Today are being judged the comrades of the Basque SS who knelt Miguel Ángel Blanco down with their hands tied to their back and probably for not being able to bear their look or not to stain their jeans fired two shots in the back of his cranium.
That was the drop that fulfilled the glass and also the two bullets that started to finish ETA slowly.

Spain was mobilized in the nicest print that there can illuminate a society, the photo of a quiet citizenship but not silenced. They were saying to us, and had reason, that we had to bear because we would win this battle and the State would never yield to the blackmail, how many times we hear the same harangue! There were millions of people in the street extracting the politicians from their offices to push them in front of the placard and it had been coherent that at the time they had said what they say at present though sincerely I do not know when they were lying to us, if then or now.

It is fashionable to say that the State must be generous with the terrorism, the *kindhearters* forget that the civilized states are

generous by themselves, neither apply the death penalty nor torture the authors of horrible crimes, much more, they feed them, quote for them as well as reduce years of penalty if they do a workshop of wicker baskets, but the State with whom must be generous is with their administered ones and to give them the justice they are asking because this is the debt that has with them in exchange for asking them not to apply justice by themselves.
Nine years have passed, many people have gone away of demostration where others we continue being, possibly confusing progress with the latest but the terrorism is deeply conservative, look at their faces, they have not changed, continue being blood milking men with no milk, but blood.

Lunes, Julio 03, 2006

## El carné por pintas

Me parece muy bien que por fin se haya instaurado el carné por puntos para prevenir los accidentes de tráfico, de todas formas yo creo que debería completarse la legislación con un endurecimiento de las sanciones a todos los *pintas* que amenazan nuestra seguridad en la manera que os sugiero a continuación.

Cada Director general de tráfico parte con 12 puntos que irá perdiendo progresivamente según el siguiente baremo:

- Pérdida de 2 puntos por construir un peralte al revés.
- Pérdida de 4 puntos por dar una licencia de fabricación a un coche que corra más de 140 km./h.
- Pérdida de 1 punto por cada 2000 km. sin controles de la Guardia Civil.
- Pérdida de 1 punto por cada 10 socavones en vías principales.
- Pérdida de 6 puntos por no respetar las quejas de los conductores.
- Pérdida de 8 puntos por cada punto negro no eliminado.

El Director general de tráfico puede recuperar 1 punto por cada vía de tren soterrada en un casco urbano.

Si el director general de tráfico pierde todos los puntos deberá de volver a hacer las oposiciones y no podrá contar con los mismos enchufes que le dieron la plaza.

## Driving Licence Points System

I like that the finally Driving Licence Points System has been established to prevent traffic accidents, anyway I believe legislation should be completed by a toughening of sanctions to every bad civil servant who threatens our safety in a way I suggest below.

Every authority in traffic starts with 12 points and he/she will lose them progressively according to the following scale:

- 2 points lost for a road bank upside-down built.
- 4 points lost for giving a license to the manufacturer of a car which runs faster than 140 km./h.
- 1 point lost for every 2.000 km. traveled without seeing a policeman.
- 1 point lost for every 10 holes in main routes.
- 6 points lost for not respecting the complaints of drivers.
- 8 points lost for every black spot not eliminated.

The general manager of traffic can recover 1 point for every railroad track buried in an urban area.

If the general manager of traffic loses all the points he/she must redo the examinations and will not be able to pull with the same strings to obtain the lost job.

Viernes, Julio 07, 2006

## Manifiesto personal

Si alguien sigue mis artículos políticos referidos al terrorismo podrá ver el apasionamiento con el que los trato, esto se debe a la necesidad aderezar con pasión un tema que sólo debería ser una cuestión ética, de razón: todos tenemos derecho a la vida, y ésta sí que no es negociable.

Al mismo tiempo es difícil explicar con razón la pseudo racionalidad con la que nuestros gobernantes tratan de justificarse ante un fenómeno irrazonable como es la claudicación del Estado de Derecho ante la violencia terrorista.

Yo expuse en artículos anteriores que la situación en la que estamos envueltos no puede ser un problema de enfrentamiento político en donde las partes tratan de ganarnos para sí, sino que debería ser un debate ético en donde ordenáramos la importancia de los valores PAZ y JUSTICIA.

Aquí es donde deberíamos reflexionar al margen de ideas preconcebidas, pues nunca el debate fue tan simple y la decisión tan huérfana. Tanto los que sostienen la preponderancia de una sobre otra u otra sobre una debemos ser tratados como personas de buena fe, de no ser así el debate comenzaría viciado.

En efecto hay quien opina que evitar una próxima muerte bien vale cualquier cosa, asimismo otros pensamos que no hay paz sin justicia, que ningún crimen puede quedar impune por quien tiene el monopolio de la violencia en una sociedad democrática: el Estado. No hay paz fuera de la ley, porque en democracia la paz es la ley.

No se trata pues de caer en la trampa del enfrentamiento político y de intereses electoralistas, que los hay en los dos bandos, esto es simplemente una pura cuestión de derechos humanos.

El Hombre ha llegado a la Luna y ha desarrollado mayor longevidad a través de avances tecnológicos a lo largo de la Historia, pero sin duda, lo que más le ha costado conseguir ha sido lo más obvio: el derecho a la vida y a su disfrute en libertad; para ello nos hemos dado leyes y sobre todo nos hemos puesto sin excepción bajo ellas, a eso se le llama Estado de Derecho.

Muchos han luchado por que eso siguiera siendo así y ahora están muertos, son la verdadera *memoria histórica* de la democracia, no podemos olvidarlos, porque ellos nunca deben estar equivocados, si no todo sería un continuo volver a empezar.
No hay más paz que su cárcel, las pistolas no caben en las urnas. En palabras de Ernesto Che Guevara, "mejor morir de pie que vivir de rodillas". De eso se trata.

## Personal Statement

If someone follows my political articles related to terrorism will be able to see the passion I treat them owing to the need of treating with passion a topic that should be just a question of reason: we all have the human right of life.

At the same time it is difficult to explain deservedly the pseudo rationality of our leaders trying to apologize for themselves in view of an unreasonable phenomenon such as the halting of the Constitutional state against the terrorist violence.

I exposed in previous articles that the situation in which we are involved cannot be a problem of political clash where the parts try to recruit us but it should be an ethical debate where we were arranging the importance of the values PEACE and JUSTICE.
Here it is where we should think regardless of preconceived ideas since the debate was never so simple and such a empty decision. Either those who support the prevalence of one on other one or other one on one must be treated as persons acting in good faith in case it was not like that the debate would begin vitiated.

In fact there are people who think that to avoid a next death is well worth whatever, likewise there are others as myself who think that it is not possible peace without justice, that any crime can remain unpunished by those who have the monopoly of the violence in a democratic society: the State. There is no peace out of law because , in democracy, peace is just the law.

It is not a question of falling down in the trap of the political clash and electioneering interests, which exists in both opposing sides, this is simply a pure question of human rights.

Man has gone to the Moon and has developed major longevity across technological advances known to History but undoubtedly what has been more difficult to obtain was the most obvious thing: the right of life and the enjoyment freely; for it we have given ourselves laws and especially we have put without exception under them, that has been called Constitutional state.

Many people have fought for that continued being like that and now they are dead, they are the real historical memory of the democracy, we cannot forget them because they must never have been mistaken, if we do, everything would be a continue returning to begin. There is no any more peace than their jail, the pistols do not fit in the urns. In Ernesto Che Guevara's words, "better to die on foot that living of knees ". It is exactly what I mean.

Martes, Septiembre 05, 2006

## Lavados de cabeza

Este artículo es el resultado de la exteriorización de toda mi frustración con el CHAMPÚ porque estamos ya empezando el

siglo XXI y la industria no da con la fórmula química definitiva, y si no ¿cómo se entiende que cada semana le cambien los extractos al mejunje? Así un día lleva *capuchina* y a la semana siguiente le ponen agentes hidratantes que deben de pertenecer al Mosad o la CIA por ser tan secretos estos agentes.
Te cambias de tienda y te venden el champú con fibras de coco o bien con almendras dulces, cuando no con miel de los Andes. Les van cambiando los extractos de fruta a ver si atinan y así tantean con la fresa, el maracuyá, melocotón o el socorrido pomelo.

Hay empresas innovadoras que prueban ponerle un poquito de manzanilla, que ahora se dice *camomile*, perlitas de té o un poco de tila para quedarse más tranquilos. Los hay con leche de mango, semillas de avena, cacahuete o soja, por no decir los champús que contienen medio abecedario de vitaminas, así pasa que entre tanta semilla, tanta fruta, tanta hierba, tanta vitamina y tanta leche resulta que al final uno termina alimentándose por la punta de los pelos y sólo faltaría la loción al pollo asado para tener nuestra dieta capilar bien equilibrada.

Los cosméticos son una mina, no hay mayor beneficio que fabricar anticelulíticos para ellas y crecepelos para ellos y para que el negocio no decaiga se le añaden nuevas sustancias milagrosas como una que está en boga: el Aloe Vera; una planta similar a un concejal de Marbella, que cuanto más se le investiga más propiedades tiene, como dice un chiste que rula por ahí.

España ha pasado en muy poco tiempo de lavarse la cabeza con Mistol vajillas a ser una sibarita del cosmético y hasta que llegó esta locura sólo conocíamos dos tipos de champú, el que escocía en los ojos y el que no, o en palabras de mi amigo Juan Carlos, para cabellos normales o para pelos sucios.

En esta sociedad de la prisa los cuartos de baño se han convertido en verdaderas bibliotecas de lectores de etiquetas, lo único productivo que se puede hacer durante el tiempo que dura una micción y/o defecación. ¡Quién ha dicho que en este país no se lee! Y bien vale una lectura bien atenta a tantos productos que nos echamos encima del cuerpo, porque puede ocurrir que, si te equivocas de bote, la cabeza se te ponga como un estropajo y por contra el vello del pubis te aparezca sin caspa, sedoso, desenredado con brillo natural y lleno de vida de la raíz a la punta.

## Head Or Brain Washing

This post is the result of an externalization of all my frustration against SHAMPOO because we already are at the beginning of the 21st century and the industry does not find the definitive chemical formula, if it does, How is it possible that extracts change every week to the mixture? So one day it contains *Capuchina* and on the following week it is added moisturizing agents that must belong these agents to the Mosad or to CIA since nobody has ever seen them.

You change of shop and they sell to you the shampoo with fibers of coconut or with sweet almonds when not with Andes honey. They are changing the extracts of fruit to seeing if they guess right by trial and error with the strawberry, the passion fruit, the peach or the useful grapefruit.

There are innovative companies that try to put it a bit of camomile, little pearls of tea or a bit of lime blossom to remain calmer. There are with milk of Mango, seeds of oats, peanut or soybean for not saying shampoos containing  half an alphabet of vitamins and, among so many seeds, so many fruits, so many herbs, so many vitamins and so much milk oneself ends feeding hardly as a size of a hair and only a roasted chicken lotion would be necessary to have our capillary balanced well diet.

The cosmetics are a mine, there is no major benefit that to make anti-cellulite products for women and hair-restorer for men and in order that the business does not fail, new miraculous substances are added as now is in vogue the Aloe Vera; a floor similar to a councilman of corrupted Marbella who the more is investigated the more properties they assume to him, as it is said in a joke running on internet.

Spain has passed in a little time from the head be washed by Mistol© to became a sybarite in cosmetics and until this madness came only we knew two types of shampoo, the one that stinged in the eyes which did not, or in words of my friend Juan Carlos: for normal hairs or for dirty hair.

In this society of hurries the bathrooms have turned into readers' real libraries of etiquettes that it is the just productive thing that it is possible to do during the time that lasts a piss and / or defecation, who has said that in this country nobody reads! And it worth an attentive reading among so many products that we put on the body because it can happen that if you use the wrong bottle the head will turn in a scourer and in the other hand pubis hair will appear without dandruff, silky, unravelled with natural sheen and full of life from the root to the tip.

Martes, Septiembre 12, 2006

## Epicenos y *epicenas*

Ahora lo *progre* no es saber inglés sino desconocer el español. De seguir así las cosas, pronto se pondrán de moda las academias para ayudarnos a olvidar nuestro idioma materno con eslóganes como: *"¿Habla correctamente el castellano? Pues nosotros le ayudamos a olvidarlo"*, *"HOME ESPANGLISH, deje de hablar bien sin esfuerzo. Profesores progres nativos de Idiocia".* Para ser progre es necesario cumplir con unos requisitos mínimos: estar al tanto de la obra de un pintamonas, comprender el castrismo, viajar en bicicleta vieja, atacar sólo a las religiones occidentales, defender a la mujer musulmana, echarse fotos con un poncho en Quito y, faltaría más, cargarle al idioma el sambenito de sexista.

El lenguaje, como cualquier otro código de comunicación, debe ser entendido inequívocamente por la comunidad que lo usa, pero sobre todo tiene que ser ECONÓMICO, lo útil es expresarse con la mínima cantidad de palabras y de éstas preferir las cortas sobre la largas. Así tuvo que ser cuando se estableció la utilidad del EPICENO, o nombre común perteneciente a la clase de los animados que, con un solo género gramatical, puede designar seres de uno y otro sexo. Si yo antes podía decir: *"Los niños participarán en un desfile de Moros y Cristianos, de gran tradición entre los murcianos, según lo programado por la asociación de padres de alumnos"* y la comprensión era óptima, ahora, para no herir la sensibilidad de los *progres* ignorantes que confunden el sexo con el género y no ser tildado de opresor ibérico he de decir, (a ver si me sale): *"Los niños y niñas participarán en un desfile de Moros más Moras y Cristianos con Cristianas, de gran tradición entre los murcianos y murcianas, según lo programado por la asociación de padres y madres de alumnos y alumnas".* Se empieza con idioteces así y se termina acuñando frases como "Las personas y *personos* víctimas o *víctimos* de mordeduras de ratas y *ratos* o ratas macho organizan un pase de modelos y *modelas* con abrigos de piel de pantera y pantera macho o *pantero*". También los periódicos de 1969 deberían haber rotulado sus encabezamientos con: "El Hombre y la Mujer han pisado la Luna".

- ¿Da risa?
 -Sí.
-¿Vergüenza ajena?
–También.

Hay personas que se ofenden por estas manifestaciones, a su juicio sexistas, cuando si por algo deben estar preocupadas es por su ínfimo nivel cultural.

El Gobierno aprobó hace algún tiempo la "Ley contra la violencia de género" y yo me quedé estupefacto, pensé que el Presidente se interesaba por las disputas que una mesa podía tener contra un pupitre, o una botella contra un bote, que en tanto que cosas poseían género. Me explicaron que era una mala traducción de la palabra inglesa "gender" que como es sabido, se refiere al sexo de las personas, ya que el inglés no atribuye ningún género a las cosas.

Sin menospreciar el problema de la violencia familiar hay quien se pregunta si antes no hubiera sido necesario promulgar una "Ley contra la violencia de léxico".

## *Epicenos* And *Epicenas*

(I apologize not to translate this post since only it is interesting, in the case that it is, for the Spanish speakers for being a reflection about the use of one aspect in the Spanish language).

Lunes, Octubre 02, 2006

## La moda no pasa de moda

La semana pasada se celebró en Madrid la tradicional Pasarela Cibeles, referencia de la moda española en el mundo, con la particularidad de que este año ha querido ser un escaparate de vida saludable y no dejó participar a modelos de menos de no sé cuantos pocos quilos, huesos incluidos. La verdad es que estas cosas se agradecen, porque estábamos ya llegando a un punto en el que las maniquíes tenían que pesarse con el abrigo y las llaves para que la báscula no le diera *ERROR*. Hasta tal extremo habían llegado las cosas que se cuenta que alguna de ellas se ataba los pantalones con el alambre del pan *Bimbo*. Pero es que, sinceramente, no merece la pena pasar tanta hambre para salir con ropa que no es tuya y posar con la cara del que acaba de extraviar un billete de cincuenta *pavos*.

Los diseñadores han perdido el sentido de la realidad, disfrutan con las famélicas, vamos, que tú le das a esta gente la funda de una sombrilla de playa y te hacen un traje de noche y con el asa una bufanda. No puede ser que se monten seis modelos en un avión, se abrochen el cinturón de seguridad y parezca aquello un estuche de rotuladores.
Como veis la moda se basa en hacer lo contrario de lo usual, y particularmente con el peinado; ir bien peinada consiste en ponerte el pelo en función de cómo te levantes de la cama por la mañana, si casualmente te levantas peinada entonces te estiran el cabello como si te electrocutaras, y si te levantas despeinada, te ponen el pelo con un flequillazo hasta abajo en plan escobilla de lavadero de coches.

El maquillaje también evoluciona, antes a una mujer con cuatro cositas la ponían guapísima pero ahora cogen a una mujer guapa y le dejan la misma cara que un minero saliendo a almorzar.

Es todo un sinsentido, incluso hasta andar es ya disparatado, a mí particularmente me da igual como caminen pero podrían tener el detalle al menos de ponerse los zapatos al revés para que cuando crucen las piernas parezca que andan como las personas.

Hablemos de las colecciones, hasta vosotros mismos podéis ser diseñadores si seguís un criterio muy simple: en la ropa de invierno siempre tienen que ir tres o cuatro modelos medio en cueros (hasta que las últimas tendencias aconsejen ir en cueros vivos) y si la ropa es para el verano pues muy fácil, las modelos van en biquini y botas de esquí con calcetas, y si han de llevar tanga no olviden arrancarle la etiqueta de -*Lavar a 30º. No necesita plancha*- no sea que la tirilla les tape el culo, o si siguen pasando hambre, el culico entero.

## Fashion Does Not Go Out Of Fashion

Last week there was celebrated in Madrid the traditional Cibeles Catwalk, a reference of the Spanish fashion around the world, with the particularity that this year it has wanted to be a window of healthy life and models with a few kilos, included bones, were not allowed. We really thank all these particularities because we were already reaching a point in which models had to be weighed with coat and keys in order to not display ERROR in the scale, things reached so unimagined extremes that it is said some of them were sticking their trousers with the wire of closing a loaf baked in tin bag. But sincerely, it is not worth the experience of so much hunger to go out with clothes that are not yours and to pose with the face of the one that misleads a note of fifty bucks.

Designers have lost the sense of the reality, enjoy the starving ones, let's say that you give the case of a beach parasol to these people and they do a night suit to you and with the handle a scarf. It cannot be that six models in a plane, buttoned with safety belt and that looks like a casing of felt-tip pens.

As you see fashion is based in doing the opposite of usual things, and particularly with the hairdo; to be well brushed consists of putting on the hair depending on how you get up of the bed in the morning, if by chance you get up brushed then they stretch the hair as if you were electrocuting yourself and if you get up dishevelled put the hair with a big fringe up to down like a automatic washing car brush.

The makeup also evolves, before to a woman with four small things they put her pretty but now they take a pretty woman and her face looks like a face of a miner going out for having lunch.

Everything is a whole no-sense, even walking is already ludicrous, particularly I do not mind me the way they (cat)walk but they might have the detail at least of putting on the shoes in opposite foot in order that when they cross the legs it seems they walk as persons do.

Let's speak about the collections, even yourself can be a designer if you follow a very simple rule: in the winter clothes three or four models have always to go almost nude (until the last trends advise to go stark naked) and if clothes are for the summer then it is very easily, the models go in bikini and skiing boots with stockings and if they have to dress a tanga do not forget to extract the "Washing 30 º . It does not need iron" label because it could cover the ass or ,if they keep so hunger, the whole ass.

Lunes, Octubre 09, 2006

## El Españolistaní

El Españolistaní se define como el dialecto del español hablado en España a golpe de decreto y de imbecilidad. Tiene su origen en la expansión cultural de la ignorancia como fenómeno globalizado y sus principales características son:

**Tartamudeo**: *¿A dónde vas? – Yo voy a A Coruña -¡Ah! a A Coruña*

**Derroche de tiempo al hablar** -*Los padres modélicos suelen tener buenos hijos* se traduce a la nueva lengua como: *Los padres modélicos junto con las madres modélicas suelen tener buenos hijos y buenas hijas.*

**Lagunas fonéticas**. Se añaden grafías impronunciables, por ejemplo, ***tod@s*** con lo que el varón y la mujer tienen igualdad de oportunidades para alcanzar el analfabetismo.

**Globalización de las reglas de pronunciación,** resumiéndolas en una sola: *Aquello que no se sabe de qué idioma proviene se ha de pronunciar necesariamente en inglés*, y si no se sabe inglés, da igual, se adivina la pronunciación que uno en conciencia crea. Veamos un ejemplo *MICHAEL SCHUMACHER*. En el extinto español se pronunciaría como se escribe, a no ser que se dominara el idioma alemán en cuyo caso se pronunciaría *"Mijael sumaja"*. Estas dos reglas básicas de la antigüedad dan paso a la gran norma angloespañolistaní y debe ser pronunciado su nombre en inglés, es decir, *"Maiquel Sumaquer"*, sin sorprenderse de que él no te entienda cuando lo llames. De igual manera Méjico podrá escribirse respetando su grafía original – México- y aún cuando el represor idioma español obligaba a pronunciar esa "x" como "j" es bueno que en un gesto de rebeldía descolonizadora antiespañola digamos a partir de ahora "México" sonando a imperio inglés: *Meíksico*.

**Topónimos**. Todas las ciudades deben ser traducidas al antiguo español excepto las ciudades españolas bilingües, que se traducen a la lengua minoritaria, independientemente que éste idioma no sea comprendido por el hablante, así si la lógica dice que *London* se debe castellanizar por *Londres*, *Genève* por *Ginebra*, *Beijing* como *Pekín*, etc. El españolistaní obliga a que *Lérida* sea *LLeida*,

*Orense* sea *Ourense* y *Alicante* se traduzca como *Alacant*, consiguiendo la erradicación a la larga de estos y otros topónimos similares, que ya no se pronunciarán ni siquiera en el único idioma en el que son válidos, el español.

**Los colores** se mantienen igual en el españolistaní a excepción del negro que puede llamarse ahora *subsahariano* si viene referido al color de la piel. En este punto el nuevo idioma es claro, siempre se es *subsahariano* cuando se es negro, incluso se es *subsahariano* aunque el negro diga que no sabe de donde viene: "*arriba una patera con 30 subsaharianos indocumentados*".
La adjetivación vendrá a partir de ahora en función del tipo de profesión del negro: si es cantante es "de color" y si no tiene papeles es "subsajariano".
Esto no afecta al resto de personas incoloras, especialmente a las incoloras blancas.

## The *Españolistaní*

(Excuse me for not translating this post since it is a reflection about late spanish language mistakes only useful for spanish speakers)

Jueves, Octubre 19, 2006

# La ducha

La ducha consta de cinco fases: apertura de grifo, comprobación de temperatura en la espalda, enjabonado de partes nobles, gritar para que te enciendan el butano, secado con la toalla del *Credijoven de La Caixa,* y termina quince segundos antes de que empiece a salir el agua caliente, ¡que no tiene guasa la cosa! Tú pasando más frío que en el entierro de Walt Disney y te viene a salir la miserable agüita caliente cuando ya no la necesitas.

Y eso sería lo peor si al ir a lavarte los dientes no te encontraras en el grifo el agua caliente esperándote para carbonizarte tu linda boquita.

Yo no os voy a mentir, a mí ducharme no me gusta, yo lo hago por que lo hace todo el mundo, porque si lo piensas bien siempre te pasa algún imprevisto cuando estás chorreando; sin ir más lejos: el timbre de la puerta, siempre suena cuando estás en cueros vivos, lo que te obliga a ponerte lo primero que pillas: una toalla a la cintura, una cazadora y las botas de montaña en chancla que parece que estás en la Pasarela Cibeles andando a trompicones por el pasillo con las cordoneras sueltas y el pelo a lo perro pachón.

Cuando vuelves y logras continuar con la ducha, no más de diez segundos y te dan ganas de orinar allí dentro, entonces te sales caminito del inodoro (sí, sí, amiguitos míos, hay que salirse, no vale remolonear pensando en que nadie te ve)  y por supuesto chorreando por todo el suelo marcando tu trayectoria en plan Pulgarcito pero con charquitos de agua, que te ve tu pareja y te dice *"¡qué asco! ¡Mira como has dejado el suelo, no te podías haber meado dentro, guarro!"*.

De los potingues ya hablé en artículos anteriores sólo quiero decir aquí una cosa que me asalta la mente de vez en cuando -¿por qué las botellas de champú y de gel no se tienen apenas en pie?- Cojas la que cojas siempre se cae la de al lado, cuando no el resto como si fuera aquello el *Pub Bolera*, sólo queda en su sitio el frasco de sales naturales que  cae una vez que has puesto de nuevo todas las botellas en su sitio. Por cierto, ¿para qué valen las sales naturales? Son de esas cosas que te traen los Reyes Magos del mercadillo hippie todos los años porque alguien ha supuesto que a ti te iban a encantar y tienes que aguantarte, porque si le dices que no, entonces las cambia y te trae un quemador de perfume de Mickey Mouse.

## The Shower

The shower consists of five phases: opening of faucet, checking temperature in the back, soaping of private parts, shouting in order that somebody switch on butane, drying with the Line of

EasyCredit account towel of BSCH, and it ends fifteen seconds before warm water starts to pour, it is annoying, isn’t it? You being colder than the Walt Disney's burial and nasty water starts to spread when you do not already need it.

And it would be the worst thing if on having been going to brush the teeth you felt in faucet the warm water waiting for your pretty mouth, to burn it, indeed.

I am not going to lie you, having a shower does not like me, I do it because everybody does it, although if you realize it something unforeseen happens when you are dripping; in fact, the doorbell , it always rings when you are quite naked forcing you to put the first thing you pick up as quick as possible: a towel around the waist, a jacket and a mountain boots worn as flip-flops that it seems you are in the Cibeles Catwalk coming stumbles through the corridor with shoelaces untied and a wooly dog hair.

When you return and try to resume the shower, scarcely ten seconds after you feel a strong desire of urinating therein, then you leave toward toilettes (yes, of course dudes, it is necessary to go out, do not being faff around thinking that nobody sees you) and, of course, trickling on the floor marking your path as Tom Thumb but in water pools, which your couple sees you and says "what a disgust! Look at the floor, you could have pissed inside, such a pig!”

About creams I have already written in previous articles, only I want to say here a thing that assaults my mind occasionally, why the bottles of shampoo and gel always fall and can not be upright? Whatever you catch always falls the nearby one, when not the rest as if it was a bowling alley, only the bottle of Nature Salts stays vertical, which falls as soon as you have put again all the bottles in their place, by the way, anybody knows what the utility of Nature Salts is? It is these kind of things Santa Claus brings you every year because someone has supposed you liked with to you and you have to bear because if you talk about then gives you a Mickey Mouse perfume burner.

Domingo, Diciembre 03, 2006

## Informática

La informática, como la religión, te soluciona el mismo número de problemas que te crea, hay que ver lo que se complica uno la existencia con el ordenador para tener una vida más fácil. Me preguntaba yo cómo había sido capaz de vivir tanto tiempo sin informática, mejor dicho, cómo había podido yo vivir hasta ahora sin mi amigo Eduardo, un pedazo de exégeta del código cibernético, un monstruo, el único capaz de repararle el *ordenata* a Bill Gates. Además de profesional es también un buen amigo, siempre empatiza contigo con las palabras justas, el otro día le llamé para que me solucionara una avería y él, dirigiéndose a mí con la ternura cómplice de quién reconoce en mí a un colega atormentado me respondió: *"la próxima vez te metes las manos en tu puto culo"*.

Que me vengan con monsergas pero yo era muy feliz antes de descargarme el Messenger, cuando tenía sueño me lavaba los dientes, meaba y me acostaba, ahora parece que me siento una mala persona si no me despido cada noche de mi lista de contactos mandando *emotiñoños* de dulces sueños a todo el mundo,incluso hay quien aprovecha la despedida para mandarme un archivo de una giga con alguna imbecilidad en PPS[13] y tenerme esperando dos millones de minutos dando cabezadas en la mesa de camilla.

Con la informática ha aflorado la crisis de identidad que llevamos dentro, a veces pasa que tras un pomposo nombre, Sr. D. Diego de Almela y Burgo aparece la dirección de correo almelitachuli@hotmail.com o tras rubitosexy75@hotmail.com se esconde un tal Francisco Javier Romanones, Comandante de la BRIPAC[14].

---

[13] Extensión de los documentos creados en Power Point, aplicación para presentaciones famosa por su pesadez de ejecución y muy popular en cadenas de correo. Ver "Bombardeo PPS".
[14] Brigada Paracaidista.

Los menús de ayuda son la repera, tú escribes: "dóndeestalabarraespaciadora" y te devuelve: "separe las palabras de su pregunta", o bien cuando sale el mensaje: "Su teclado no funciona, pulse una tecla para continuar" ,y si no cuando haces un diagnóstico del monitor y te aparece: "Compruebe que su pantalla está encendida."

Bueno, termino este anárquico texto cuyo fin no era otro que hablarles de un buen colega; por cierto bastante feo, tenía para ustedes una foto de él pero se la comió mi antivirus, cosas de la informática.

# Computing

Computing, as religions, solves the same number of problems that it creates, honestly, what complicated is our existence trying to get an easier life with computers. I wondered how I had been able to live so much time without computing, rather, how I had could live until now without my friend Eduardo, such an guru of the cybernetic code exegesis, a true monster, the only one capable of repairing the Bill Gates´s smart box. Besides professional he is also a good friend, an empathetic person who always talk to you with the just correct words, last day I called him in order to repair me a breakdown and he, talking to me with certain tenderness of who recognizes in me a tormented colleague, answered: " *Next time put your fuck hands in your hole*"**.**

Stop going on at hassling me, I was very happy before downloading my *Messenger*, when I was sleepy used to brush my teeth, piss and go to bed, but now I feel as a bad person if every night I do not say goodbye to my list of contacts, sending sweet dreams *drip-moticons* to everybody, and it could happen somebody answered replying me back a stupid giga file in PPS (PowerPoint file) and made me wait for two million minutes nodding off on the keyboard.

Computing has showed our internal crisis of identity, sometimes it usually happens that behind a grave name, such as Sir Diego de Almela and Burgo appears his email address as hornyalmela@hotmail.com or nicesexy75@hotmail.com hides such a Francisco Javier Romanones, Spain Parachute Commander in Chief.

Help menus are usually the last straw, so you write: "whereisthespacebar" and PC answers: “unknown word, try to separate words and ask again", or when the message shows: "Your keyboard does not work, press a key to continue ", or why not, when you do a diagnosis of the monitor and you read: " Check that your screen is switched on "

Well, I end up this anarchic text which had not any other sense but to talk about a good colleague; certainly ugly enough, I had a pic of him to be shown you but it was destroyed by my antivirus, things of computing.

Lunes, Diciembre 18, 2006

## Mercadotecnia solidaria

No sé qué tiene la Navidad para que todo el mundo trate de hacernos la pascua culpabilizándonos de lo mal que va el mundo. Te vas a comer un polvorón y con la boca llena aparece en la tele un repaso de todos los terremotos del año, qué mala suerte. A lo mejor aprovechas estas fechas para invitar a tus amigos a langostinos y algún triste te comenta la estadística sobre la nutrición en los países subdesarrollados. Si cantas un villancico te recuerdan que hay sordomudos que no pueden hacerlo y hasta cuando cagas no debes olvidar a los cientos de afectados por estreñimiento. El caso es que por la razón que sea terminan por convencernos de la inmensa desgracia que supone ser feliz por navidades, tanto es así que nuestra conciencia termina resintiéndose, y esto lo deben tener analizado las empresas porque en un plan B te bombardean con *marketing* social para forrarse mientras descargamos nuestra conciencia comprando sus productos, de los que supuestamente destinan al Tercer Mundo un porcentaje de nuestra compra. Cuando han conseguido que compremos todo lo comprable entonces nos atacan por nuestro flanco imbécil: la solidaridad comercial, hete aquí algunos ejemplos:

PEPSICOLA destina el 0.5% de cada bote de refresco al Tercer Mundo, es decir: no llega a un céntimo, ¡no hay que ser mamón ni nada! Resulta que nunca te agacharías a cogerlo del suelo pero, como es para una buena obra...Menuda historieta le cuelan al respetable, y lo peor que hasta nos sentimos bien por destinar el 99.5% al Primer Mundo.

POMPEROS. Para que todos los niños tengan un juguete en Reyes, Correos te ofrece la oportunidad de ayudarles comprando un pompero por tres euros; no veas el robo, un tubo de hacer pompas por 3 pavos, y digo yo, ¿por qué tienes que comprarlo para que un porcentaje vaya a los desgraciados? ¿Pasa algo si no compras nada y donas toda la pasta íntegra?

Este que cuento ahora era para subir nota, os dejo que lo leáis vosotros mismos:

"Ven a WALL STREET INSTITUTE en diciembre y colabora en el proyecto 12 escuelas para la India. Ahora si aprendes inglés en

Wall Street Institute, ayudarás a miles de niños hindúes a recibir una educación digna y a tener una vida mejor. Porque si te matriculas este mes, destinaremos parte de tu dinero a un proyecto muy especial: la construcción de 12 escuelas en la India. Proyecto financiado por Wall Street Institute. ¿Por qué esperar a enero? Visita tu centro Wall Street Institute más cercano y colabora: Harás mucho por ti. Harás mucho por ellos".

Lo que se demostró después fue que los nuevos alumnos no eran otra cosa que una panda de bobos sensibles, candidatos (como se vio más tarde), al trofeo "Estafado del Año".

FORTUNA, esta sí que es buena, donaba al tercer mundo el 0.7%. No está pero que nada mal, cualquiera iba a dejar de fumar y de criar un cáncer de pulmón sabiendo que mucha gente dejaría de percibir tan "*inestimable*" ayuda.

La lista de *mercosolidaridad* es interminable, incluidas aquellas empresas cooperantes que tratan a sus empleados como basura con contrato; me acabo de inventar un eslogan: *"Tras un contrato basura está la esperanza de un mundo más justo"* o mejor, *"En Navidad nuestros empleados realizarán desinteresadamente sus horas extras para que tus sueños se cumplan (los del jefe, claro)"*.

A veces para tranquilizar la conciencia no hay necesariamente que comprar nada, basta con perder el tiempo inútilmente haciendo clic en una página solidaria, hay muchas, cuantos más *clics* hagas más posibilidad de mejorar el globo terráqueo, amén de acelerar tu artrosis de dedo índice, la estupidez navideña es infinita, ¡de lo que es capaz de hacer la gente con tal de no soltar guita!

Otras veces la falsa solidaridad se usa para adquirir fama, se juntan cuatro inútiles de medio pelo y se hinchan a chupar cámara para el *Telemaratón* pro algo, a ver si así se les alarga el vivir del cuento.

Obras son amores y no buenas razones, dice el dicho popular, de modo que quien quiera ayudar para conseguir un mundo mejor, que ayude, (ojalá seamos muchos), y el que no quiera, que no ayude, y la empresa que desee dar dinero a los desfavorecidos que lo dé, pero no del bolsillo de sus clientes sino de su cuenta de beneficios, calladita y sin esperar nada a cambio y quien quiera calmar su conciencia que vaya al banco y meta dinero, no necesita comprar botes de Pepsicola, ni leche Puleva, ni *mazapán Anti-Sida,* que con las cosas de comer no se juega.

Y respecto a mí, sólo una cosa: que me dejen comer polvorones tranquilo.

Vamos a ver si tenemos la fiesta en paz.

# Charity Marketing

I do not know what the Christmas has got in order that everybody tries to blame us of how badly the world goes. If you are eating the typical floury sweet, filled your mouth, appears in the TV a revision of all the earthquakes of the year, what bad luck. Maybe you avail these dates to invite your friends to eating prawns and some sad bloke comments on the statistics about nutrition in the underdeveloped countries. If you sing a Christmas carol somebody will remember the existence of deaf-mutes who cannot do it and, even when you go to shit must not forget the hundreds of affected by constipation.

The thing is that, for whatever reason, we become convinced of immense misfortune of being happy for Christmas, so much so, that our conscience ends being affected, and companies must have this phenomena analyzed because in a "B" plan we are bombarded with social marketing to stuff itself while we unload our conscience buying their products, of which, supposedly, they destine to the Third World a percentage of our buy. When they have achieved we bought everything purchasable then attack us for our stupid flank: the commercial solidarity, here some examples:

**PEPSI COLA** destines 0.5 % of every refresh can for Third World, let's say: it does not become a cent, it is not necessary to be a sucker, isn't it! So you would never crouch yourself down to pick it up, however, you donate the same cent because now it is for a just cause... What a tale is scored to audience, and the worst is how satisfied we feel destining 99.5 % to the First World.

**BUBBLE TUBES**. In order all the children have a toy in Epiphany, Post office offers you the opportunity to help them buying a bubble tube for three Euros; what a theft!, a pipe of doing bubbles for three bucks, and I wonder, why have you to buy it in order to a percentage goes to the wretches? What happen if you do not buy anything and donate the whole cash?

The next one is destined to improve marks, read yourselves: "Come to **WALL STREET INSTITUTE** in December and collaborate in 12 schools projects for India. Now if you learn English in Wall Street Institute, you will help thousands of Indian children to receive a worthy education and a better life. Because if you are registered this month, we will destine part of your money for a very special project: the construction of 12 schools in the India. Project financed by Wall Street Institute. Why wait to January? Visit your closer Wall Street Institute and collaborates: You will do very much for you. You will do very much for them ".

Later everybody saw, after close, as new pupils were not another thing but a bunch of sensitive smart-asses, nominated for "Ripped-off of the Year" Award.

**FORTUNA TOBBACO**. This is a good one, it was donating to Third World the 0.7 %., who was going to stop smoking and developing a lung cancer if knows that lot of people would stop perceiving so "big" help.

The list of market-solidarity has no end, included those charity-companies that treat their workers as garbage with contract; I have just invented a slogan: " After a garbage-contract is the hope of the most just world "or better," In Christmas our personnel will do free overtime in order that your dreams come true (boss´ dreams, of course) ".

Sometimes to calm the conscience it is not necessarily to buy anything, is enough waste a time doing *clic* in a solidarity web, there are many, the more clics you do the more possibility of improving the terrestrial globe, as well as accelerating your forefinger osteoarthritis, Christmas stupidity is infinite, what people is capable of doing instead not to give up a penny!

In other occasions false solidarity is used to acquire reputation, four second rate useless are joined gluing camera in a Telecharity to try living more time without working. Actions speak louder than words, as the popular saying goes, so who wants to help to obtain a better world can help, (I wish many of us could), and who does not, cannot help, and the company that wants to give money away to the wrenches can give away, but not from the pocket of clients but their own benefits, in silence and without waiting for anything back and the one who wants to calm his conscience down can go to the bank and puts his money in, it is not necessary buying Pepsicola, neither Puleva milk, nor Anti-AIDS marzipan because charity must not be a economic strategy, and respect to me, just a last thing: let me to eat dry floury sweets calmly. Let's have Christmas in peace.

Sábado, Diciembre 30, 2006

## ..Y ETA dejó las armas.... (En Barajas)

El error de esta engañifa de proceso fue creer que la gentuza razonaba igual que nosotros.
Si usted, Sr. Zapatero, hubiera leído un par de libros sobre ETA no hubiera dado lugar a este criminal ridículo. No me importa saber los datos que tenía acerca de ETA, me hubiera confortado más que usted hubiera sabido lo que todo el mundo conocía de estas alimañas, la ignorancia mata Sr. Presidente.
Debe saber que Aznar perdió el poder por hacer la guerra contra inocentes y espero que usted no lo pierda por hacer la paz con los culpables.
Así se manifestaba este blog respecto a ETA desde que empezó esta infamia de proceso:

1. jueves, marzo 23, 2006

   El Síndrome de Estocolmo
2. viernes, junio 02, 2006

   Justice and Peace
3. lunes, junio 19, 2006

   "Nunca" eran sólo nueve años
4. viernes, julio 07, 2006

   Manifiesto personal

# ...And Eta Left Weapons ...(In Barajas Airport)

The mistake of this swizz-process was believing that riffraff was so reasoning as we were.
If Mr. Zapatero had read a couple of books about ETA (BASQUE REVOLUTIONARY ARMY) he wouldn't have provoked this criminal ridiculous, I don't mind what kind of information about ETA you had, I would have liked to know you knew what everybody in Spain knew, ignorance kills, Mr President.
You must know that Aznar lost the power for doing the war against innocent and I hope that you do not lose it for doing the peace with guilties.

Here this blog shows all posts about ETA since this turpitude of process:

1-jueves, marzo 23, 2006

El Síndrome de Estocolmo

Jueves, Marzo 8, 2007

# Epílogo

Este libro no era lo que esperaban, lo sé, quién lo leyó para reírse no pasó el rato más divertido de su vida, quién se hizo con él para indignarse terminó sacando una sonrisa.

Los pesimistas con buen humor somos una especie rara, la gente nos imagina llenos de ojeras y con medio cuerpo fuera de la barandilla. Un pesimista es un optimista bien informado, un optimista podría ser lo contrario, al menos eso es lo que se comenta en las cafeterías.

Yo soy un pesimista vocacional, me gusta, lo llevo con dignidad. Se nos vende que tenemos que ser optimistas, felices, guapos y delgados. Nos pasamos la vida privándonos para lucir una talla 40 y cuando por fin lo conseguimos nos damos cuenta de que en las boutiques no venden cinturones con suficientes agujeros y terminamos enseñando el culo, como cuando éramos gordos.

Nos confunden. Los psiquiatras desconfían de nuestro humor y piensan: pesimista + risa = pastillas, pero no, el humor negro es la pura normalidad, lo demás es artificio, una película de Walt Disney en donde los animales hablan, y la gente termina creyéndoselo.

Reivindico el pesimismo, eso sí, con humor. Lo mejor y lo peor de la vida se dan al mismo tiempo, se lo dije hace tiempo a una compañera: la esperanza sólo vale para estar alegre, la desesperanza para todo lo demás. Los pesimistas vivimos la vida con plenitud. Un optimista es aquella persona que sale de su casa con la sonrisa puesta hasta que lo atropella la moto del ***Telepizza*** en el paso de cebra. Nosotros vivimos más tiempo, y mientras lo hacemos andamos por la calle mirando para atrás y con la mano en el bolsillo de la cartera. Exploramos cada rincón de nuestra existencia sólo por ver desde qué balcón nos caerá la maceta.

Dicen que un optimista ve la película de su vida cuando se le echa encima la muerte. A nosotros, los pesimistas con buen humor, nos divierte que al morir nos pasen sólo las tomas falsas.

# Referencias bibliográficas

- TELEFÓNICA S.A. "Páginas Amarillas". *Edición 2006.*

- MOULINEX "Instrucciones de su tostadora."

- AGENCIA TRIBUTARIA "Manual del contribuyente".

- HERMANDAD FARMACEÚTICA "Lista de farmacias de guardia".

- LIDL / ALDI "Catálogo de ofertas".

- ANÓNIMO "Breve sinopsis del Código Da Vinci".

- PEDRO OCÓN DE ORO "El gran libro de los crucigramas".

- C.P. CIERVA PEÑAFIEL "Convocatoria reunión de padres de alumnos".

- BAYER "Prospecto de la Aspirina. Dosis de adultos".

- LATBUS "Lista de paradas autobús línea 30,Murcia-Los Ramos".

- VARIOS AUTORES "El interruptor de la luz sin secretos".

- IBERDROLA "Factura luz Enero-Marzo 2006".

- VAJILLAS ARCOPAL. "Charla-coloquio. Hotel NH. Regalo seguro a su señora".

www.ingramcontent.com/pod-product-compliance
Ingram Content Group UK Ltd.
Pitfield, Milton Keynes, MK11 3LW, UK
UKHW021056200726
13857UKWH00003B/946

9 781847 532701